大学受験

改訂版

もっと 減点されない英作文
WRITING MASTER

過去問演習編

FORUM-7 ジーナス　河村一誠 著

Gakken

はじめに

　私は大学受験生に英語を教えて、今年で35年になります。最初は軽い気持ちで始めた仕事ですが、次第に教えることの難しさ、奥深さ、無力さ、恐ろしさを知り、今日にいたりました。

　その間、私の脳裏を離れなかったのは、日本の大学入試が意味もなく難しいということでした。たとえば、自由英作文です。制限時間20分程度で、与えられたテーマについて何を書くかを考え、100語の英文を書くなんて、99パーセントの受験生には至難の業。毎年採点しているわけですから、大学側も受験生がどれほどできないかよくわかっているはずなのに、見栄もあってか、出題を止めません。私が出題者なら、重要構文や語いを問う短い英文を20文ぐらい書かせ、厳しく採点します。そのほうが受験生の英語力が正確に反映されますから。

　日本人は英語が話せないとよくいわれます。たしかにその通りです。しかし、話せない以上に聞くことはできませんし、書くこともできません。要するに、日本人は英語が苦手なのです。もうそろそろ「英語が話せない」という呪縛から抜け出し、もっとトータルな目で「英語ができない」という事実を直視すべき時期だと思うのですが。

　話が少し脱線してしまいました。どうすれば日本人が日本国内にいながら英語ができるようになるかという命題は、浅学な私の手に余るものですが、20年の長きにわたり、7万件以上の英作文を添削してきた私には、どうすれば大学に合格できる程度の英文を書けるようになるかはわかります。そのエッセンスをこの本に込めました。

　この本には、他の参考書に比べ、かなり大胆なことが書かれています。とくに、Unit 4の自由英作文対策は手前味噌ですが、かなり斬新です。良心的な英語の先生はまゆをひそめるかもしれません。すべては大学合格に的を絞った戦略です。また、懲りない大学に対する私なりのささやかな挑戦状でもあります。

受験生のみなさん，課題文の日本語がすべて表現されていなくても，少々ズレていてもかまいませんから，とにかく「英語」を書きましょう。できるだけ短く書き，書き終わったら表現の重要ポイントを必ず見直しましょう。ケアレスミスさえなければ合格です。長く書けば書くほど，間違う可能性が高いことを肝に銘じてください。語数指定にもあまり神経質にならないように。語数指定を満たしたデタラメな英語より，語数が多少足りなくてもまともな英語のほうに当然高得点がつくのですから。

　受験生の不安を払しょくする。それが塾講師としての私のささやかな使命だとひそかに考え，本書を最後まで気持ちよく書きました。一人でも多くの受験生が日本語の引力から解き放たれ，入試を無事クリアーし，将来的には英語の世界を自由自在に泳げるようになることを願ってやみません。この本がその小さなきっかけになれば最高ですね。

　最後になりますが，適切なアドバイスをしていただいた編集長の髙野直子さん，英文校閲をお願いしたショーン・マギーさん，FORUM-7 ジーナスの授業で一生懸命怪しげな英語を書き，私に数々の貴重な臨床データを与えてくれた生徒諸君に，この場を借りて厚くお礼申し上げます。

平成27年　冬　河村一誠

本書の使い方

ここでは，各 Unit の内容と，本書を使う上での注意点を述べておきます。

序章　英作文にどう取り組むか

最初に，英作文の学習に取り組む際の心構えについてお話しします。

Unit 1　中間文を作ろう

「減点されない英作文」を作るには，日本語と英語の隔たりをうまく埋めなくてはなりません。

まず Unit 1 では，問題文を英訳可能な日本文，つまり「中間文」に変えることから練習します。

❶ 余分な日本語をカットし，スリム化する。
❷ 意味がハッキリとした日本文に変える。
❸ 単語を限定し，一貫した流れのある日本文にする。

以上を念頭に置き，具体的なやり方を学習します。

Unit 2　キメ書きのススメ

「減点されない英作文」のためのもう一つのコツは，「キメ書き」です。つまり，この日本語は必ずこの英語で表現する，と決めて覚えてしまうことです。

多少むりやりでも 1 対 1 の対応関係を作って，入試本番で迷わないようにするのです。本書では，それを「キメ書き」と呼ぶことにします。

乱暴かもしれませんが，私は大学受験の英作文はそれでいいと思っています。だいたいの意味が同じで，文法的にもロジック面でも英語になっている文を書けるようになることをめざしましょう。

Unit 3 実戦演習編

　実際の入試問題に挑戦します。Unit 1，2で学習したことを徹底的に使いこなす訓練です。
　問題は，国公立大学と有名私立大学の入試で出題されたものを厳選して掲載しました。
　まず自分で英作文してみてから，解説と解答例を見てください。たくさん問題を解くことで，中間文の作り方のコツが身につきます。また，入試英作文で出題されやすい日本語をどうキメ書きするかについても，重要なパターンを厳選して紹介していますので，きっと本番で役立つだけでなく，あなたの英語表現の基礎を作るものになるはずです。

Unit 4 テーマ別自由英作文対策

　英作文の問題には，大きくいうと，課題文をそのまま英訳するものと，「自由英作文」と呼ばれるものがあります。
　課題文をそのまま英訳するものは，Unit 3までで見てきたような問題です。一方，「自由英作文」というのは，文を要約させたり絵やグラフを説明させたりする問題や，空所を補って英文を完成させる問題などがありますが，出題の中心は，あるテーマに対する意見や体験を述べさせる問題です。
　Unit 4では，過去20年間の入試問題から，今後も出題される可能性が高い問題を7つのテーマと番外編に分類し，汎用性に重点を置き，32の例題に絞り込みました。これで8割以上の出題に対処できるはずです。〈解答例〉を再現する練習をしましょう。

Contents 目次

はじめに …… 2

本書の使い方 …… 4

序章　英作文にどう取り組むか …… 9

Unit 1　中間文を作ろう …… 15
　　　　日本語と英語の距離を埋める「中間文」とは …… 16

　　　Lesson 1　課題文から余計な日本語を消し,
　　　　　　　　ストレートでスリムな日本文に変える …… 18

　　　Lesson 2　課題文に言葉を足して,
　　　　　　　　意味がハッキリとした日本文に変える …… 32

　　　Lesson 3　課題文の単語を限定し,
　　　　　　　　一貫した流れのある日本文に変える …… 45

Unit 2　キメ書きのススメ …… 53
　　　　迷わないための「キメ書き」とは …… 54
　　　　言語と言語は, 1対1で対応しない …… 54
　　　　1対1の関係をあらかじめ作っておき, 本番で迷わない …… 55
　　　　例題1～8 …… 56

Unit 3 実戦演習編 …… 69
　　　問題 …… 70
　　　解答&解説 …… 75

Unit 4 テーマ別自由英作文対策 …… 121
　　　自由英作文の難しさ …… 122
　　　自由英作文の構成 …… 124
　　　テーマ1　現代の科学技術がもたらした影響とその功罪 …… 126
　　　テーマ2　世界平和とグローバル化 …… 138
　　　テーマ3　環境問題 …… 145
　　　テーマ4　現代日本の諸問題 …… 150
　　　テーマ5　学生生活 …… 162
　　　テーマ6　日本の文化，伝統 …… 169
　　　テーマ7　個人的なことがら …… 175
　　　番外編 …… 189

※入試過去問は適宜変更してあります。

序章

英作文に
どう取り組むか

◎ 英作文ではなにが採点されるか？

　英作文で試されるのは，受験生の総合的な英語力です。マーク式の問題とは違って，英作文にカンやマグレは通用しません。あなたの英語力がモロに反映されるのが英作文です。いわば，あなたの英語力が裸にされるわけですね。

　大学や採点者によって多少は異なるでしょうが，最も重要なのは，あなたが書いた英文が英語であるかどうかです。

　授業中，生徒の書いた英作文を見て，私は白板の前でしばし立ち尽くすことがあります。確かに並べられているのは英単語なのですが，全体としては何語かわからない代物になっているからです（それでも，私は涙をこらえ，添削します）。ですから，まず一読した印象で，「うん，英語になっているな」と採点者がうなずくことが高得点につながります。

　次に文法と構文が正しいかどうか。品詞，時制，修飾，名詞の取り扱いなど，英文の主要な部分が減点法で採点されます。もっと具体的に知りたい人は，拙著『減点されない英作文　改訂版』を参考にしてください。

　最後に語いがチェックされます。当然，主要な部分に比べると，減点率はかなり低いです。

　字はできるだけていねいに書いてくださいね。「うまい，へた」の問題ではなく，aとo，rとvなどがはっきり区別できるように書くということです。あなたは採点される側の人間ですから，心をこめてていねいに書くのがエチケットです。そうすれば，採点者の印象もよくなるし，文法や語いのうっかりミスも減らせます。

◎ 英語らしい英語とは？

　人と同じで，英作文はなんといっても第一印象が大切。採点者に何度も読ませない，頭をひねらせない，さらりと読める英文を書くことがキモです。そのためには，英語らしい英語を書く必要があります。

　英語らしい英語の条件とはなんでしょう？　まず，できる限り短く，簡潔であること。redundancy（冗長さ）は英作文の最大の敵です。同じ内容のメッセージが伝わるのであれば，細かなニュアンスの違いには目をつむり，1語でも短く書くことが，とくに大学入試では大切です。めざすべきは，ぜい肉のな

いスリムなプロポーション。日本人が書く英文はどうしても長くなりがちです。受験生の好きな形式主語や there is 構文は，余分な語を2語以上プラスすることになりますので，必要最小限にとどめましょう。

　では，短い英文を書くコツはなにか？

　たとえば，「旅行に出かけるとき，だれでも本の1冊や2冊はカバンにしのばせるものだ」という日本文を英訳します。

　Whenever people go on a trip, they carry a few books in their bags.（14語）とか，Everyone has one or two books in their bags while traveling.（11語）と書ける受験生は優秀です。まったく問題ありません。ただし，同じ内容を Every traveler carries a few books in their bags. と表現すると，9語ですみます。「旅行に出かけるときはだれでも」を「旅行をするどんな人も」と考えるわけです。swimmer, pianist, singer など，英語では「～する人」の意味の単語をよく使います。

　日本語にとらわれないこと，いい換えれば，オリジナルの日本文を短い英文で表せるような日本語に変えることが重要です。

　次に，日本語は動作で表現するのが一般的であるのに対して，英語は状態で表現することが基本だという点です。

　高校生のころ，先生が「父が死んで10年になります」を My father has been dead for ten years. と英訳したとき，とても不思議な気がしました。だって，直訳すると「父は10年間ずっと死んでいます」なんですよ。そりゃ，死んだらずっと死んだ状態だろうと当時の私は首を傾げたわけです。でも，これは英語が状態で表現する言語であることの好例だったのですね。

　もう1つ例をあげましょう。バスの車内で「バスが止まるまで，席を立たないでください」という注意書きを目にすることがあります。これを英訳してみましょうか。

　平均的な受験生なら，Please don't stand up from your seat until the bus stops. と書きそうですが，正しくは，Please remain seated until the bus stops. です。「席を立たない」を「席に座ったままでいる」と，状態で考えられるかどうかがポイントです。remain ＋形容詞〔分詞，名詞〕を正しく使うと，採点者は好印象をもつはずです。

◎ 大学入試は時間との戦いである

　私は 30 年間受験生を見てきました。試験の翌日，渋い表情の生徒にでき具合をたずねると，圧倒的多数の生徒が「できなかった」「難しかった」ではなく，「時間が足りなかった」と答えます。多少の言い訳を差し引いても，これが大学受験の真実なのです。もし英語のセンター試験が 80 分ではなく 120 分なら，平均点は 20 点ぐらい上がると思われます。

　センター試験に限らず，どの大学も全体の 7 割ぐらいしか解答できない制限時間を設定しています。順天堂大学医学部の問題などは半分しか解けない可能性がありますし，早稲田大学政治経済学部や法学部の試験では，最後の自由英作文は最初から捨ててかかる受験生も多いのではないでしょうか。

　しかし，できればすべての大問に手をつけたい。大問を 1 問まるごと捨てるのは，キケンです。

　そこで，どの大問を何分で解くかという「時間のマネージメント」が不可欠となります。時間をかけると正答率が上がるのは，やはり読解の問題です。読解にたっぷり時間を残すためには，英作文にかける時間をなるべく節約したい。自由英作文なら，100 字の英文を 15 分で書けるようになるのが理想です。

　日本語をそのまま英語に訳す英作文でも自由英作文でも，受験会場で，うなって英語表現を考えるようではまともな英文は書けません。あくまでも頭の中に用意してあるものの「再生」に徹するべきです。英作文ほど入念な準備が必要なものはありません。過去問対策はただ過去何十年分の問題を解くだけといった，表面的なものに終わってはいけません。英作文に臨機応変なアドリブはタブーだと心してください。

　また，書く作業以上に英作文は見直し作業が重要。試験終了直前に時制，名詞の単複，SV の一致，代名詞などをチェックする必要があります。それだけで，減点個所が 2, 3 割は減りますよ。多くの大学が英作文を最後の大問として出題します。そのため，受験生は最後の最後に英語を書きなぐって試験終了のベルを聞くことになりがちです。これでは高得点がとれるわけがない。まず最初に英作文に手をつけて，終了直前に見直すことをおすすめします。その見直し時間の確保のためにも，書く作業にかける時間をなるべく短くしたいのです。

序章 英作文にどう取り組むか

◎ 英作文の正しい学習法

　これまで述べてきたことをもとに，英作文の正しい学習方法について説明します。

　英語を書ける日本人が，なぜ書けるかというと，次の2つの理由があげられます。

① 英語と日本語の違いを知っていて，日本語をどのように変えれば英語になるかがわかっている。
② 英語にしやすいように変えた日本語を英訳するための，構文や語いを知っている。

　本書はこの2点に対応するために書かれています。
　①に関しては日本文と英文を結ぶ，英語に訳しやすい日本文を作る練習をします。本書では，この「英訳しやすい日本文」を「中間文」と呼ぶことにします。
　②に関しては，いくら語学の基本が語いの暗記だとはいえ，暗記の負担は軽ければ軽いほど望ましいのも事実。さらに，入試において重要なのは不確かな数多くの知識ではなく，精選された確実な知識です。英作文は正しいものが1つ書ければいいのであって，別解は無用です。本書では，「キメ書き」という名称で，「この日本語はこの英語で書く」と決めていきます。
　では，Unit 1 と Unit 2 で「中間文」と「キメ書き」について，くわしく解説することにしましょう。

　最後に，外国語の力が母国語の力を超えることは考えられません。国語が苦手な生徒は，英語の学習であるレベルまでいくと，必ず成績が伸び悩みます。たしかに国語（現代文）は学習に手ごたえのない，対策がやっかいな科目ではありますが，決しておろそかにしないように。とくに京都大学志望者はこのことを肝に銘じてください。

Unit 1

中間文を作ろう

日本語と英語の距離を埋める「中間文」とは

英作文の問題文は，大きく2種類に分けられます。
① 日本語をそのまま英語に移し換えられるもの
② 日本語と英語の間にかなりの隔たりがあり，その距離を埋めなければならないもの

①は英語を書くことに少し慣れた人ならすぐに及第点をとれますが，②はそう簡単ではありません。減点されない英作文を作るには，②のような問題で，うまく日本語と英語の隔たりを埋めなくてはなりません。まず，例題 **A** と例題 **B** をよく読んでください。

例題A

たしかに現代における科学の発達はすばらしい。以前はまったく神秘的と思われた事柄の多くが今では科学的に説明されるようになってきた。したがって，私たちが一切は科学によって説明できると期待するのも無理はない。しかし，たとえ私たちがすべてを科学的に研究しても未解決の問題が残されるであろう。

(鹿児島大学)

例題B

最近久しぶりに旅行して実感したのですが，田舎の夜空には星が驚くほどたくさん見えます。科学的に考えれば，汚染がなく空気がきれいだからでしょうが，風景はそれを見る者の心を映すとよくいわれます。雑事に追われて忙しいだけの生活からしばしの逃避行を敢行したあのときの私は，もしかしたら，めずらしく無邪気な子どものように心が澄んでいたのかもしれません。

(京都大学)

Unit 1 中間文を作ろう

　さて，あなたはどちらの問題が難しいと思いましたか。一見すると，内容的にAのほうがテーマも堅苦しく，難しく思えるかもしれません。ところが，実際に英訳してみると，Bのほうがはるかに難しいとわかります。なぜか。

　Aもけっしてやさしいわけではありませんが，英語を書くことに少し慣れ，日本文の長さに恐れを感じなくなった生徒であれば，けっこうな英作文ができることでしょう。現実に，私の授業に半年も出れば，ほとんどの生徒はこの問題に関しては及第点の取れる英作文が書けるようになります。
　その理由は，全体の流れがシンプルで，論理的であるということ。たとえば，「たしかに～だが…」は入試頻出の譲歩構文ですし，「科学の発達」も常識的な語いです。そしてそれ以上に大きな理由は，日本語をそのまま英語に移し換えられることです。一言でいえば，日本文に手を加える必要がないのです。
　一方，Bは第1文はともかく，第2文目以降をそのまま英訳することは不可能です。「雑事に追われて忙しいだけの生活」や「しばしの逃避行を敢行した私」などは直訳できませんし，「汚染がなく空気がきれいだからでしょうが」と「風景はそれを見る者の心を映すとよくいわれます」の間には論理の飛躍があり，言葉を足す必要があります。「無邪気な子どものように心が澄んでいた」の「心が澄んでいた」は「空」と「心」をかけた比喩表現で，このまま英語に訳すことは無理です。
　この問題の難しさは，いったん日本文を英訳できるものに変えなければならないところにあります。いい換えれば，表現形式において，Aは日本語と英語がほぼ一致しているのに対して，Bは日本語と英語の間にかなりの隔たりがあり，その距離を埋めなければならないのです。したがって，例題Bのような問題文は，まず英訳可能な日本文（中間文）に変えなければなりません。その手順は以下のとおりです。

① 理屈の上から見て，余分な日本語をカットし，スリム化する。
② 文脈が大きな力をもち，一文一文はあやふやで省略が多いという日本語の特徴を考慮し，意味がハッキリした日本文に変える。
③ 単語を限定し，全体として一貫した流れのある日本文に変える。

簡単にいえば「プラス / マイナス」です。何をプラスして何をマイナスするか。例題をとおして詳しく説明しましょう。

Lesson 1
課題文から余計な日本語を消し，ストレートでスリムな日本文に変える

例題1

日本もラオスも今の子どもたちは勉強する目的が，金もうけや仕事を得るためだけになっている印象があります。 （九州大学）

中間文の作り方

1 〜する目的が…になっている

日本文のまま the purpose を主語にすると，「日本もラオスも今の子どもたちが勉強する」という長い修飾語をつけなければならなくなり，主部がとても長くなります。英語は主語が長い文（top-heavy）を嫌います。「人が〜する目的は…になっている」は「人は…するために〜する」と考えれば，S(人) V 〜 to V... と簡単に書くことができますね。
同様に，「人が〜する理由は…だ」も The reason why を主語にしないで，S(人) V 〜 because (of)... で書くと楽チン。
まず人を主語にする。これが中間文を作る第一のコツです。

2 〜になっている

「〜になる」や「〜するようになる」は，人がなにかになったり，人がなにかをするようになったりする場合を除いて，基本的にすべてカットします。日本語特有のいい回しにすぎないので，英訳する必要がないのです。

3 印象があります

「〜がある」「〜がない」というとき，むやみに There is 構文を使わないようにしましょう。人を主語にして〈人 + have〉か，「意義がある」を be significant と表現するように，形容詞を使ってください（形容詞はあ

る名詞の性質をもっていることを表します)。
例題文は「私」の個人的な印象ですから、I を主語にします。日本語は主語が省略される場合が多いので、個人的な話なのか、一般的な話なのかをしっかりと判断します。後者であれば、主語は you か we にします。

中間文

私は、日本でもラオスでも今の子どもたちは、ただ金をもうけるためか、仕事を得るためだけに勉強するという印象をもっている。

解答例

I have the impression that both in Japan and Laos, children today study just[only] to make money or get jobs.

暗記すべき語い・構文

● **今の子どもたち** children today
「今の」「最近の」「このごろの」「現代の」といった言葉が人を修飾しているとき、すべて〈人＋today〉でキメ書きしましょう。

● **金もうけをする** make money

● **…という印象** the impression that 〜
この that は同格の接続詞。同格の that の前に置かれる名詞にはもちろん a[an] がつく場合もありますが、the が基本なので、受験生のみなさんは迷わず the をつけましょう。

文法上のチェックポイント

● 「日本でもラオスでも」は、both in Japan and Laos (Laos の前に in が省略されています)。in を both の前に置かないように。

● 「仕事を得る」は get a job なのか、get jobs なのか。英語を書くとき、名詞が可算名詞か不可算名詞か、可算名詞の場合は単数形で使うか複数形で使うかを、いつも考えましょう。
結論からいいますと、a job でも jobs でもかまいません (the job

だと仕事がひとつに限定され，the jobsだと仕事をすべて網羅することになりますから，the をつけてはダメ）。ただし，みなさんの迷いを解消するためにも，主語が複数形のときは，補語や目的語も複数形にすることをおすすめします。それに，単数形よりも複数形のほうが，一般性が高く無難ですから。

例題2

ある国の人々の生活や考え方を隅々まで支配している，その国の文化というものは，そこに生れ育った人々にとっては，空気の存在と同じく，元来自覚されにくいものである。　　（大阪大学）

中間文の作り方

1 ある国の人々の生活や考え方を〜というものは

いやぁ，日本語はグダグダ回りくどいですねぇ。この例題文は全体で1文ですが，英語を1文で書く必要はまったくありません。むしろ長い文はなるべく2文，3文に分けましょう。

名詞に長い修飾語がついているときの鉄則は，以下の2つです。
① 修飾関係を文に変えてみる。→「ある国の文化はその国の人々の生活や考え方を隅々まで支配している」
② 日本語の名詞修飾は理由を表していることが多い。名詞が1つしかなくて，英語では非限定用法の関係詞を使わなければならない場合はとくにそうです。→「ある国の文化はその国の人々の生活や考え方を隅々まで支配しているので，〜」と変えてみましょう。

2 隅々まで支配している

「隅々」という日本語にとらわれず，「あらゆる点で（in every respect）」と考えます。「支配している」は dominate や control もありでしょうが，日本語が英語よりも少しオーバーな表現を好むことを考慮すると，「影響を与える（influence）」が無難です。

3 空気の存在

「存在」は日本語でよく使われる言葉ですが，とくに意味はありませんので，英語に訳す必要はありません。

Unit 1 中間文を作ろう

4 元来

「元来」とか「そもそも」は課題文に登場することの多い日本語ですが，本来英訳しづらい言葉なので無視してください。

5 自覚されにくいもの

「もの」も訳す必要がない場合がほとんどです。

中間文A

ある国の文化は，その国に生まれ育った人々の生活の仕方や考え方にあらゆる点で影響を与える。しかし，空気と同様に，彼らがそれを自覚することは難しい。

中間文B

ある国の文化は，そこで生まれ育った人々の生活の仕方や考え方を完全に支配するので，空気と同様に，彼らが自覚することは難しい。

解答例A

The culture of a country influences in every respect the way of living and thinking of the people (who are) born and brought up in the country. But it is difficult for them to become aware of, just like air.

解答例B

The culture of a country completely controls the way of living and thinking of the people born and brought up in the country[there], so it is difficult for them to become conscious of, just like air.

暗記すべき語い・構文

● ～に生まれ育つ　be born and brought up in ～

● ～を自覚する　become aware of ～ / become conscious of ～

conscious は内面の意識,aware は外部の観察・情報から生まれる意識（notice, know に近い）。「～を強く意識する」は become keenly conscious of ～。「感じる,意識する」を強調するときは,ほぼ keenly でいけます。

文法上のチェックポイント

●「一国の文化」は１つなので,culture には the がつきます。一般的に of ～は限定力が強いので,迷ったら of ～の前の名詞には the をつけましょう。

●どうしても関係代名詞を使いたいのであれば,国に文化は１つしかありませんので,非限定用法になります。The culture of a country, which influences ～。

● 文脈依存度の高い（文全体から一つ一つの単語の意味が決まる）日本語と違い,英語は名詞を限定したり,代名詞や副詞に置き換えたりすることで,文の流れを作ります。典型的には,まず,〈a ＋名詞〉を出して,次にそれを〈the ＋名詞〉もしくは代名詞（副詞）に置き換えるというやり方です。解答例では a country が（in）the country［もしくは there］になります。いきなり the country とはいえません。

●「A は V ～することが…だ」は,A is ... to V と It is ... to V A の２通りがありますが,形式主語を使った後者は語数がかさむので使いすぎないように。解答例の it は形式主語ではなく,the culture を指す指示代名詞。them は the people を指します。形式主語を使う場合は of の後ろに the culture を指す it を入れます。

●まず,解答例 A の in every respect の位置に注目してください。そして,以下の副詞の位置のルールのまとめを見てみましょう。

ルール①：修飾語は修飾される語のそばに置く。これが修飾語の位置の大原則。したがって,副詞が動詞を修飾するとき,副詞は動詞の前後に置く。受験生は副詞を文の最後のほうに置く傾向が強い。
ルール②：形容詞を修飾する副詞は,必ず形容詞の前。
ルール③：always/often/usually/sometimes など頻度を表す副詞は,一般動詞の前,be 動詞・助動詞の後（助動詞と be 動詞が並んでいるときはその間）。

ルール④：他動詞と目的語の間には，なるべく副詞を入れない。
ルール⑤：どこに置いたらよいかわからないときは，not だったらどこに入るかを考え，そこに置く。

そこで，解答例の in every respect の位置に注目してください。influences と目的語 the way ～ の間に割り込んでいて，ルールに反する位置です。in every respect influence ～はおかしい。というのも，副詞句（前置詞＋名詞）は動詞の前には置けないためです。じゃあ，一番後ろに置いたらどうか。実際に，influences the way of living and thinking of the people (who are) born and brought up there in every respect と書く生徒が圧倒的に多い。なぜこれがダメなのかというと，原則として句や節の中の修飾語はその中でしか働けない，つまり，句や節を越えて修飾することが難しいからです。in every respect をここに置くと，born and brought up を修飾することになりかねません（意味から判断はできるでしょうが）。そこで，ルールの例外として，動詞と目的語の間に割り込ませてあるのです。このように修飾する語とされる語は，なるべくくっつけて置きましょう。

例題3

欧米では，友人を自宅に招待することは，相手に対する信頼の証であるといわれています。<u>招待する理由はいうまでもなく心からもてなしたいからであり，相手にもっとふだん着の生活を知ってほしいという願望があるからなのでしょう。</u>

（下線部を英訳しなさい。大阪府立大学）

中間文の作り方

1 ～する理由は…したいからであり

例題1で触れました。たいていの生徒が The reason why ～ is that ... と書きます（略式では that の代わりに because も使えますが，なるべく that を使ってください）が，ストレートに「…したいから，～する」と表現しましょう。中間文はなるべく人を主語にして短くします。

2 心からもてなす

「心」は英訳しにくい広い意味をもつ日本語です。したがって,「心から」も文脈によって, sincerely, heartily, genuinely, with all one's heart などいろいろな訳し方がありますが,「できるだけ」と書くとたいてい大丈夫です(心からもてなす→できるだけ楽しませる)。情緒的な日本語に対して,ドライな英語という構図です。とくに,大学受験の英作文はだいたいの内容が伝わればいいと割り切り,無味乾燥に書くのがコツです。「心」という日本語から,すぐに heart を思い浮かべず,別の表現を考えましょう。

3 相手

日本語は単語の意味が文脈によって決まります。「相手」という言葉は,「会話の相手」なら the other person,「電話の相手」なら the other party,「試合や競技の相手」なら opponent, また people や others で訳さなければならない場合もあります。この例題文の「相手」はもちろん「友人」です。

4 ～してほしいという願望がある

「ほしい」と「願望」は同義語反復(同じ意味のダブリ)。英語では避けなければなりません。have a desire to V ～でもかまいませんが, want to V ～で十分です。「～という」をすべて同格の接続詞 that で書く生徒をよく見かけますが, that をつけることができる名詞が限られているので注意しましょう。have a desire that S V ～は間違いです。

中間文

いうまでもなく彼らは,できるだけ自宅で友人を楽しませたいから,また友人に自分の日常生活のもっと多くを知ってほしいから,友人を招待する。

解答例

Needless to say, they invite their friends because they want to entertain them as much as possible at their homes and let them know more about their daily life.

Unit 1 中間文を作ろう

暗記すべき語い・構文

● **いうまでもなく** needless to say / It goes without saying that 〜

● **楽しませる** entertain
amuse は人を笑わせる楽しませ方です。

● **日常生活** one's daily life / one's everyday life

文法上のチェックポイント

● 中間文では「自宅で」を補いました。「家」は home か house か？ 一般に受験生は home は副詞，house は名詞と決めつけているようです。たしかに，home は come や go とともに使う場合が副詞ですが，基本は house と同様に名詞です。home は生活の場としての家で，house は建物としての家です。大学入試の英作文で出てくる「家」はほとんど home です。

● 「友人」も「日常生活」も所有格で限定します。名詞を所有格や the で限定する必要があるかどうか，つねに考えてください。

● 代名詞 they が「欧米人」を指しているものと，「その友人」を指しているものがありますが，文意から容易に判断がつきますから気にする必要はありません。

● 「日常生活」の「生活」は単数形で使うことが基本です。もっとも，their の後に単数形を続けるのは基本的に間違いですから，例題１で説明したように, our や their に続く名詞は複数形と割り切ってもかまいません。

● 解答例では「知ってほしい」を使役動詞を使って表現しています。英語には使役動詞がたくさんありますが，① have「お願いして〜してもらう（依頼）」，② let「相手が望んでいるから〜させてあげる（許可）」，③ make「むりやりでも〜させる（強制）」の３つが基本です。すべて第５文型で目的格補語は原形不定詞。

> **例題4**

私が指摘したいのは，日本人が毎日のように毎時のように，なんらかの形で外国語の刺激を受けており，日本人として外国語を覚えようとしたら，いくらでもその機会があるということである。

(愛媛大学)

中間文の作り方

1 毎日のように毎時のように

例題3で述べたように，日本語は英語に比べ情緒的で，同じ意味のくり返しがよく見られます。ここは，スッキリと「いつでも」で問題ありません。英語の嫌いな断定を避けて，almost always と書くとより論理的です。もちろん，日本語どおりに almost every day でもかまいません（「毎時のように」はカットします）。なお，この「〜のように」は比喩や様態ではありませんので，like を使わないように。

2 外国語の刺激を受けて

これもオーバーな表現です。stimulate は excite に似た意味の動詞です。外国語にわくわくさせられる人もいるでしょうが，文全体の内容から考え，「外国語に触れている」にしましょう。
オーバーで，感情的な日本語をトーンダウンさせ，客観的でクールなものにするのも，中間文を作るコツといえます。

3 日本人として

日本語では「〜として」という表現がよく用いられます。ところが，ほとんどの場合，as 〜は書く必要がありません。「そんなことして，人として恥ずかしくない？」の「人として」は強調であり，なくても意味は同じですね。あくまでも日本語で好まれる表現にすぎないのです。例題文の「日本人として」もまったく不要です。

4 いくらでも

これもオーバーですね。「たくさんの」か「いろいろな」ぐらいが無難です。

中間文

私が指摘したいことは，日本人がほとんどいつでも，なんらかの

Unit 1 中間文を作ろう

方法で外国語に触れており,外国語を学ぼうとすれば,たくさん機会があるということだ。

解答例

What I want to point out is that Japanese people are almost always[every day] exposed to foreign languages in some way, and that they have a lot of opportunities to learn them if they try to.

暗記すべき語い・構文

● **〜するのは…ということだ** What (S) V 〜 is that S V ...
関係代名詞 what 節を主語にして,接続詞 that 節を補語にする,この構文はとても便利でよく使われます。

● **日本人** Japanese people
the Japanese は日本国民全体(日本人の総称)を意味するので,Japanese people のほうが安全な場合が多いです。代名詞は we ではなく they が基本です。

● **毎日** every day / everyday
副詞のときは every day(2語),形容詞のときは everyday(1語)。「毎時」を every time で書く可能性がありますが,every time は接続詞として,every time SV 〜(〜するたびに)の形で使いましょう。

● **〜する機会** the[an] opportunity to V 〜
opportunity には〈for +名詞〉や〈of + Ving〉も続きますが,to V 〜でキメ書きしましょう。

文法上のチェックポイント

●「外国語」は,文脈からも,主語が複数であることからも languages。2回目からは them といい換えます。複数名詞を it で置き換えないようにしましょう。it を使ったとき,それが指している名詞が単数形であることを必ずチェック!

●「何らかの」の意味の some に続く名詞は,単数形。

● and の後の that を忘れないこと。that を置くことで，and 以下も is の補語であることがはっきりします。

● 例題 1 で説明したように，「～がある［ない］」を英作文するときには，There is a cat under the table. のように，存在している場所が具体的に示されていない限り，there is 構文をなるべく使わないようにしましょう。

例題5

日本人は，概して，余暇の過ごし方があまり上手でないといわれてきた。<u>夏休みなども，西欧諸国に比べると，お話にならないほど短い。 日本では昔から，働いているのが善であり，遊んでいるのは悪であると考えられてきた。</u>

(下線部を英訳しなさい。名古屋大学)

中間文の作り方

1 夏休みなども～短い

ダラダラしていますね。ストレートにスッキリと「(日本人の) 夏休みは西洋人の夏休みより短い」と考えます。英語では同種のものしかくらべられないので，日本人の夏休みは「西洋人」ではなく「西洋人の夏休み」とくらべます。
「など」は基本的に無視です。律儀に and so on と書く生徒が多いのですが，たいして意味のない言葉ですから。

2 お話にならないほど

日本語と英語とでは比喩やたとえが一致することはあまりないので，だいたいの意味をとらえて訳してください。要するに強調すればいいわけですから，「はるかに（ずっと）短い」で十分。

3 善であり～，悪である

正しくは virtue, vice でしょうが，「よい」「悪い」と簡単に書きます。可算不可算や冠詞の問題があるので，いつでも名詞よりも形容詞を優先させましょう。

Unit 1 中間文を作ろう

4 考えられてきた

能動・受動を日本語に合わせる必要はありません。受動態で書くと，It has been thought that 〜ですが，日本人を主語にして能動態を使えば，They have thought（that は省略できる）と 3 語ですみます。人を主語に，能動態で，1 語でも短く（形式主語や関係詞をむやみに使わない）。これを肝に銘じてください。

中間文

日本人の夏休みは，西洋人のそれよりずっと短い。彼らは昔から働くことがよいことで，遊ぶことは悪いことと考えてきた。

解答例

The summer vacation of Japanese people is much shorter than that of Westerners. They have traditionally believed that work is good and play is bad.

暗記すべき語い・構文

● **夏休み** summer vacation

vacation は原則として不可算名詞として使うので，s をつけないでください。

● **西洋人，欧米人** Westerners

Europeans and Americans でもいいですが，必ず複数形で。Japanese が単複同形だからでしょうか，European と American を無冠詞単数で使うミスが目立ちます。

● **昔から** traditionally

since old times, since the old days, for a long time, for ages などいろいろな表現がありますが，traditionally だと 1 語ですみます。

● **働くこと，遊ぶこと** work, play

これらはこのままで名詞としても使えるので，working, playing としないように。

> **文法上のチェックポイント**
>
> ● 前に出ている〈the＋名詞(s)〉を指す代名詞は it (they) と that (those) です。その違いは it がいつも単独で使われる（修飾語は一切つけられない）のに対して，that は後に〈前置詞（とくに of）＋名詞〉や分詞や関係代名詞といった修飾語をともなうことです。the summer vacation of Westerners を that of Westerners と置き換えます。
>
> ●「考えられてきた」は，「今も考えられている」ので現在完了形を使います。

例題6

最近の傾向としては，「自立」ということが大いにもてはやされているように思われる。新聞や雑誌を見ても，自立のすすめを説いているものによくお目にかかる。　　　　　　（九州大学）

中間文の作り方

1 最近の傾向としては～もてはやされている

例題4で解説したように，「～として」は不要です。また，例題5で説明したように，日本語が受動態だからといって，英語も受動態にする必要はありません。「最近の人は～もてはやす傾向がある」とします。

2 大いにもてはやす

「もてはやす」のような日本語らしい日本語は，表している意味を考えて，硬い日本語に変えるのがコツ。「重要視する」にしましょう。

3 新聞や雑誌を見ても，～説いているものによくお目にかかる

日本語の「もの」という単語は，英語の one(s) に近い代名詞として用いられることがあります。例題文の「もの」は「新聞や雑誌」を指しています（正確には「新聞や雑誌の記事」）。ですから，コンパクトに「～と説いている新聞や雑誌の記事を私はよく見る」と考えます。「私」の個人的な経験なので，主語は I。

4 自立のすすめを説いている

「自立のすすめ」のように，日本語は動詞を名詞化して使うことが多く，また「すすめを説く」のように，「〈名詞〉を〈動詞する〉」型の表現が目立ちます。これらの表現を日本語どおりに名詞を使って英語にすると失敗しがちです。要するに，アドバイスですから「人に自立するように忠告する」で問題ないわけです。advise の語法，〈advise ＋人＋ to V 〜〉はおなじみだと思います。語法をよく知っている動詞で表現できる日本語に変換することを，いつも心がけてください。

中間文

最近の人は「自立」を重要視する傾向があるようだ。私は読者に自立するように忠告する新聞や雑誌の記事をよく見る。

解答例

It seems that people today tend to highly value "independence." I often see articles in newspapers and magazines that advise their readers to become independent.

暗記すべき語い・構文

● **自立** independence
形容詞形は independent。

● **重要視する** highly value
think highly of でもいいですが，受験生の好きな think much of は，基本的に否定文で使うので要注意。

● **〜する傾向がある** tend to V 〜
be liable[apt, prone] to V は，原則として生まれつきの悪い性質を表すので，「〜する傾向がある」「〜しがちだ」は，tend to V でキメ書きしましょう。

● **記事** an article

文法上のチェックポイント

● 「思われる」という日本語から，seem を受動態で使う生徒は意外に多いです。seem には自動詞の使い方しかなく，けっして受動態にはなりません。

● 「AやB」はA and B なのか，A or B なのか？ 判断に迷うことがよくあると思います。A or B は，同格以外はA≠B。したがって，AとBが同種のものなら and，AとBが異種のものなら or です。また，AとBを同時に行えなかったり，一緒に行う必要がなかったり，どちらか一方で十分だったりするときは，or になります。例題文の「新聞と雑誌」は同種のもので，両方目にしているので，and。区別が微妙なものもありますが，たとえ間違えてもあなたの人生が変わることはないのでご安心を。

● 自立のすすめを説く記事をすべて見るわけではないので，articles に the はつけません。

● 「説く」を preach と訳さないように。preach は「牧師が説教する」という意味ですから。英語の動詞は日本語にくらべ，意味が強く限定され，そのため使える範囲が非常にせまいのです。だから，日本語に振り回されずに，なるべく基本的な動詞を使ってください。

Lesson 2
課題文に言葉を足して，意味がハッキリとした日本文に変える

例題1

国連によると，今，全世界の人々の平均年齢は26歳だ。日本は41歳で最高齢だ。高齢化世界一は，日本が平和で安定した社会を築いてきたあかしである。

（名古屋大学）

Unit 1 中間文を作ろう

中間文の作り方

1 日本は41歳で最高齢だ

日本語では「AはBである」でたいてい意味が通じます。「あなたはどこのご出身ですか」に対して,「私は千葉です」のように。ところが,〈A + be 動詞 + B〉は A = B を表しますから,英語では「私は千葉出身です」か「私の出身地は千葉です」と答えなければなりません。したがって,「日本は 41 歳で最高齢だ」は「日本の平均年齢は 41 歳で,世界で最も高い」と考えます。なお,年齢が高いは high ではなく,old です。

2 高齢化世界一は

これもまったく言葉足らず。文脈から「日本が世界一の高齢化社会であること」だと読み取れますが,英語はそこをしっかりと書かなければなりません。

もう１つ考え方があります。「日本は 41 歳で最高齢だ」と「高齢化世界一」は同じ内容なので,「高齢化世界一」を「これ」で置き換えると,語数も減ってシンプルです。前文（の中心）を指す this を主語にする書き方は,とても実戦的です。ぜひ使ってみてください。

3 あかしである

入試の課題文には,「証拠」「証明」「あかし」という言葉がよく使われます。evidence も proof も不可算名詞ですから,a(n) をつけないように。どちらも同格の that をつけられます。ただし,「〜は…というあかし［証拠］だ」は「〜は…を示している［証明している］」と考え,〜 shows [proves] that ... と表現すれば,可算不可算や冠詞の問題がなくなるので,このほうがベターです。

中間文

国連によれば,今,全世界の人々の平均年齢は26歳だ。日本の平均年齢は41歳で,世界で最も高い。これ（日本が世界一高齢化社会であること）は,日本が平和で安定した社会を築いたことを示している。

解答例

According to the United Nations, now the average age of all the people in the world is twenty-six years. Japan's is

forty-one years and the oldest in the world. This[That it is the fastest aging society]shows that it has built a peaceful and secure society.

暗記すべき語い・構文

● **国連**　the United Nations
the がつき，複数形。

● **全世界の人々**　all the people in the world
all over the world や throughout the world は，「世界中いたるところで」の意味ですから，この文脈ではヘンです。

● **平均年齢**　the average age
平均値は1つなので，average には the をつけます。

● **高齢化社会**　an aging society
society は単独なら無冠詞単数で使い，形容詞がつくと a[an] がつきます。

● **安定した**　secure/stable

● **〜な社会を築く**　build[establish] a 〜 society

文法上のチェックポイント

● 日本語の名詞のくり返しにいつも注意しましょう。日本語に合わせて，同じ名詞をくり返さないように。「日本の平均年齢」は the average age が前に出ているので，the average age of Japan ではなく，所有代名詞の Japan's か，that of Japan[the Japanese people]にします。また，「日本」も2回目以降は，it か she。

● 「日本が世界一高齢化社会であること」の「こと」は，関係代名詞の what ではなく，接続詞の that で表します。後ろに続く文が完全な文で事実を表しているからです。この2つを混同しないように。

● 「築いた」の時制は現在完了形。時制は英作文最大のポイントの

Unit 1 中間文を作ろう

ひとつ。とにかく、日本語から時制を判断しないことです。過去形か現在完了形かの判断は、ある動作の影響が現在に及んでいれば現在完了形で、及んでいなければ過去形。今も日本は平和で安定した社会ですから、現在完了形を使います。

例題2

「外見で人を判断してはいけない」というのは、道徳の決まり文句であるが、建前はともかく、どのような格好でいるか、何を身につけているかによって、意識するにせよ、無意識にせよ、われわれは人を判断しているし、自らをも表現しているのである。

(下線部を英訳しなさい。大阪府立大学)

中間文の作り方

1 「外見で人を判断してはいけない」というのは、〜である

かぎかっこの中は文です。英語では文の主語にはできません。ここは、例題1で説明した前文を指す this を使い、「『外見で人を判断してはいけない』。これは〜である」と2文に分けましょう。書き方に困ったら、2文に分ける、いいですね?
生徒の英文を添削されたことのない先生には信じがたい話でしょうが、引用を表すときに引用符(" ")ではなく、日本語のかぎかっこ(「 」)を使う生徒がけっこういるのです。「 」は英語にはありません。

2 道徳の決まり文句

日本語はなんでも「AのB」で表現できてしまいます。しかし、of では意味がとおらず、説明的に表現しなければならない場合も少なくありません。of の基本は所有です。道徳が決まり文句をもっているわけではないので、「道徳を教えるときに使われる決まり文句」と変えましょう。

3 なにを身につけているかによって

これは「われわれは人を判断しているし、自らをも表現しているのである」を修飾しています。だとすれば、言葉が足りません。「われわれは人が着ているもので人を判断し、自分が着ているもので自分を表現する」に変えます。

中間文

「外見で他人を判断するな」。これは道徳を教えるときに使われる決まり文句だ。しかし，私たちは意識していてもいなくても，人が着ているもので人を判断し，自分が着ているもので自分を表現する。

解答例

"Don't judge others by their appearances." This is an often-stated phrase used when we teach morality. But we do judge people by their clothes, and also express ourselves with what we wear, whether we are conscious of it or not.

暗記すべき 語い・構文

● **外見で人を判断する**　judge one by one's appearances

● **道徳**　morality / morals
moral は形容詞です。

● **決まり文句**　an often-stated phrase

● **意識していてもいなくても**　whether one is conscious of it or not / consciously or unconsciously

文法上のチェックポイント

● 人を表す名詞は複数形にして，なるべく男女の区別が問題にならない they で指せるようにしましょう。たとえば，Don't judge a person とすると，by his or her appearance としなければならず，面倒です。性の区別のない表現を使いましょう。

● judge 〜 by ... の by は「…に基づいて」の意味で，判断の根拠を表します。受動態で用いられる「動作主」の by ではありません。一般的に，受験生は「〜によって」をむやみに by で表現する傾向がありますが，現実には「道具・手段」の with や，「一致」の depending on, according to などを使わなければならないこと

が少なくありません。

● 解答例の3行目の do judge の do は,「確かに(実際に)〜する」の意味を表す,動詞を強調する助動詞です。

例題3

何度もくり返して見た,いちばんなじみ深い夢は,ぼくの場合,笑う月に追いかけられる夢だ。最初はたしか,小学校のころだったと思う。恐怖のあまり,しばらくは,夜になって眠らなければならないのが苦痛だったほどだ。　　　　（大阪大学）

中間文の作り方

1 何度もくり返して見た,〜夢だ

読点が多く,うっとうしい文です。まず,「ぼくの場合」を in case of me と書く必要はありません。「〜の場合」「〜というと」「〜といえば」は,英訳しなくていいです。〜を主語にすればすみます。「ぼくの場合,ぼくは〜」という日本語はヘンですよね。日本語は主語を省略できるので,「ぼくの場合,〜」といえます。ところが,英語は主語を省略できませんから,「ぼくの場合」のほうをカットするわけです。

これまで述べてきたように,名詞にあまりにも長い修飾語がついている日本文の処理は,2文に分けることです。dream は動詞として,dream that S V 〜の形で「〜する夢を見る」の意味で使えますから,「ぼくは笑う月に追いかけられる夢をくり返し見てきた。これはぼくが最も頻繁に見る夢だ」に変えます。「いちばんなじみ深い」という日本語には好感がともないますが,そこはドライに「最も頻繁に見る」と考えると,logical です。

また,関係代名詞を使って,「ぼくが最も頻繁に見る夢は,その中でぼくが笑う月に追いかけられる夢(a dream in which I am chased by a laughing moon)だ」と変えることも可能です。へたに同格の that を用いるより,関係代名詞のほうがはるかに安全です。同格の that と違って,関係代名詞はどんな名詞でも修飾できるからです。ただし,関係代名詞だけでいいのか,〈前置詞＋関係代名詞〉(＝関係副詞)にしなければならないのかはよく考えましょう。a dream <u>which</u> I am chased by a laughing moon とやると台なしです。私は生徒の力を測るときに,〈前置詞＋関係

代名詞〉が使えるかどうかを判断材料にします。

2 最初はたしか，〜と思う

言葉が足りません。中間文を作るとき，まず主語を決め（できる限り人にする），それに動詞を合わせてください（なるべく，語法を知っている基本的な動詞を選ぶこと）。「たぶんぼくは小学生のときにはじめてその夢を見た」に変えましょう。なお，この「たしか」は「確実に」の意味ではなく，昔を思い出して「おそらく，たぶん」ぐらいの意味です。

3 恐怖のあまり，〜苦痛だったほどだ

「恐怖のあまり，〜だったほどだ」のように，程度や結果を表している日本文を見たら，so 〜 that 構文や enough to で表現できるように，「とても（あまりに）〜なので…だ」と考えましょう。「とても怖かったので〜苦痛だった」とします。

「夜になって」は単純に「夜に」で OK。「春がくると」や「夏ともなると」などもシンプルに，in spring, in summer です。

また，「眠らなければならないのが苦痛」も「眠るのが苦痛」で十分。文脈から考えて，「眠る」は sleep より go to bed です。

中間文

ぼくは笑う月に追いかけられる夢をくり返し見てきた。これはぼくが最も頻繁に見る夢だ［ぼくが最も頻繁に見る夢は，その中でぼくが笑う月に追いかけられる夢だ］。たぶんぼくは小学校のときにはじめてその夢を見た。とても怖かったので，しばらく夜眠るのが苦痛だった。

解答例

I have repeatedly dreamed that I am chased by a laughing moon, and this is the dream I most frequently have［The dream I most frequently have is the one in which I am chased by a laughing moon］. Perhaps I first had it when I was in elementary school. I was so scared of it that I felt it painful to go to bed at night for a while.

Unit 1 中間文を作ろう

暗記すべき 語い・構文

● **夢を見る** have a dream
see a dream とはいえません。

● **小学生のときに** when I was in elementary [grade/primary] school / when I was a pupil

● **〜が怖い** be scared of 〜

● **しばらく** for a while

文法上のチェックポイント

● 「何度もくり返して見た」のは経験で，今でも見ていると考えられるので時制は現在完了形。

● 「夢」は2回目からはすべて it で置き換えること。

● feel はとてもキケンな動詞です。〈S + feel +形容詞（分詞）〉は〈S + be 動詞+形容詞（分詞）〉と基本的に同じ意味を表します (I feel happy. ≒ I am happy.)。ところが，「Sが何かを〜に感じる」を〈S + feel +形容詞（分詞）〉で書く生徒が多いのです。「私は苦痛に感じる」を I feel painful. と書くと，I am painful. すなわち「私が（ほかの人にとって）苦痛な[骨の折れる]存在だ」となってしまいます。feel を使うときには，いきなり補語を続けられるのか，それとも目的語を置いてから補語を続けなければならないのかを考えてください。〈S feel +形容詞+ to V〉と書いたときは，feel の後に形式目的語の it が必要かどうかを必ずチェック。

例題4

1950年代の前半には，東京で育った男が，パリで暮らすようになっても，少くとも日常生活において，大きな相違を感じることはなかった。私の場合も，フランスではじめて地下鉄を見たのではなく，東京で乗り慣れた交通機関がパリではもう少し便利にできていると思ったにすぎない。　　　　　　(神戸大学)

中間文の作り方

1 パリで暮らすようになっても
Lesson1の例題1で解説したように,「〜するようになる」は日本語でよく用いられる表現ですが,英訳する必要はほとんどありません。「パリで暮らす場合」にします。

2 大きな相違を感じることはなかった
言葉が足りません,足し算してください。「大きな相違」は「大きく違う」と名詞を形容詞に変え,「東京とパリは大きく違うとは感じなかった」にします。

3 私の場合も,〜思ったにすぎない
長すぎるので2文に分けましょう。「私は,〜見たのではない」と「東京で〜にすぎない」に。第2文も「私」を主語にして,「私は〜と思っただけだった」に変えます。

4 乗り慣れた交通機関
「交通機関」が地下鉄を指していることをはっきりさせるために,「乗り慣れたこの交通機関」にします。「乗り慣れた」は「よく知っている」と考え,形容詞の familiar を使うと1語で表現できます。be used to を使うより短く,時制の問題もありません。

5 便利にできている
「できている」はいりません。引き算して「便利だ」。

中間文

1950年代の前半には,東京で育った男がパリで暮らしても,少なくとも日常生活において,東京とパリが大きく違うと感じなかった。私がはじめて地下鉄を見たのは,フランスではなかった。私は東京でよく知っているこの交通機関が,東京よりパリではもう少し便利だと思っただけだ。

解答例

In the first half of the 1950s, if a man brought up in Tokyo lived in Paris, he wouldn't feel Paris was very different from Tokyo, at least in everyday life. It was not in France that I first saw a subway. I just thought this already familiar means of transportation was a little more convenient in Paris than in Tokyo.

暗記すべき語い・構文

● **1950年代** the 1950s
the をつけ，複数形にします。

● **～（世紀／年代）の前半に** in the first[former] half of ～
「～の後半に」なら，in the second[latter] half of ～。

● **パリ** Paris
Pari と書かないように。

● **交通機関** a means of transportation

文法上のチェックポイント

● 「東京で育った男」は，主格の関係代名詞を使う人が多いと思いますが，現在分詞や過去分詞による修飾も考えてください。〈関係代名詞＋be 動詞〉の2語分，短く書ける場合が多いです。

● 「違い［相違／差］が大きい」はすべて，「とても違っている」として，be very[quite] different を使うことをおすすめします。とにかく，名詞を使わないことで，名詞につきまとい，減点の対象になる可算不可算，単複，冠詞の問題をすべて避けて通れます。さらに，形容詞を使うことには，動詞と名詞の組み合わせに悩む必要がない（形容詞なら動詞はすべて be 動詞でいい）ことや，be 動詞は現在形で現在の事実を表し，動作動詞のように現在形と現在完了形の使い分けを考えないですむことなどの利点があります。

● 解答例の第2文には，強調構文が使われています。副詞句（前置詞＋（代）名詞）や副詞節（接続詞 S V）が強調される形は，強調構文の典型です。字数は増えますが，It is that の強調構文は大学入試で最重要の構文ですから，使いこなせることを採点者にアピールするのは悪くはありません。

● 英作文するときは，課題文全体の時制を考え，ひとつひとつ日本語に一致させないようにしましょう。「便利にできている」「思ったにすぎない」を現在形で書くことなどないように。この話はすべて過去の話です。

● 「もう少し便利だ」は，東京とパリの地下鉄の比較ですから，当然比較級にします。日本語は比較をはっきりと表さないので，要注意。

例題5

私自身が強烈に家族というものを意識したのは，大学生になって東京で一人暮らしを始めたときです。呼吸していることを，ふだんはことさら意識しないように，それまでは，家族というのはあまりに身近な存在でした。空気のようだった家族と，離れて暮らし始め，私は急に息苦しくなりました。

〈俵万智『さまざまな表情』より　奈良女子大学〉

中間文の作り方

1 私自身が〜ときです
「〜のは，…だ」という日本語を見たとき，It is that の強調構文を思い浮かべることは，例題4で述べたように強調構文には長所短所があるにせよ，悪いことではありません。ここも，日本文のまま強調構文（It was when 〜 that I ...）を使っても使わなくても，どちらでも OK です。

2 家族というもの
文脈から判断して，家族一般ではなく，「私の家族」に限定しましょう。英語の名詞は文脈で限定されませんので，いつも注意が必要です。「というもの」にはとくに意味はありませんのでカット。

3 呼吸していることを，〜身近な存在でした
後半の「あまりに身近な存在でした」を「あまりに身近な存在だったので意識しなかった」と言葉を足さなければ，前半の「意識しないように」にうまくつながりません。この例題文のように，作家の書いた文は日本語らしい日本語で省略が多いため，英訳しづらいですね。「身近な存在」の

「存在」はもちろんカットします。

4 空気のようだった家族と，〜なりました

中間文を作るとき，接続詞を1つ使った複文，すなわち，〈接続詞＋ＳＶ〜 , ＳＶ ...〉や〈ＳＶ ... , 接続詞＋ＳＶ〜〉に変換しやすい日本語を考えてみましょう。「暮らし始め」を「暮らし始めたとき」にすれば，whenを使ってスッキリいきそうです。

第1文と同様に，この「家族」も「私の家族」に限定します。そうすると，関係代名詞は非限定用法になりますね。直訳すれば「私は私の家族と，私はそれを空気のようなものだと感じていたが，離れて暮らし始めたとき〜」。

中間文

大学生になって東京で一人暮らしを始めたときに，私は自分の家族を強く意識するようになった。人が呼吸していることをふつうとくに意識しないように，私の家族はあまりに身近だったので，私はそれまでそれを意識しなかった。空気のようなものだと感じていた私の家族と離れて暮らし始めたとき，私は急に息をすることが難しく感じた。

解答例

I keenly became conscious of my family when I became a college student and started to live alone in Tokyo. Just as you are usually not particularly conscious of breathing, my family was so close to me that I was not conscious of it until then. I suddenly found it hard to breathe when I began to live away from my family, who I felt was like air.

暗記すべき語い・構文

● **大学生** a college student
a university student でもいいが，an にしないように注意。

● **一人暮らしをする** live alone[by oneself / on one's own]

● **～と離れて暮らす** live away[apart] from ～

　文法上のチェックポイント

●「空気のようだった家族と離れて暮らし始めた」をかなりの数の生徒が，I began to live apart from my family like air. と書きます。この英文だと，like air は副詞句として live apart を修飾することになってしまいます。

●「息苦しい」を suffocate や choke と表現するのはオーバー。私の生徒でも，英文解釈用に覚えた単語をそのまま英作文にも使うケースがよく見られます。英文解釈の場合，意味がわかれば OK ですが，英作文の場合はそうはいきません。英語の動詞は意味の限定が強く，使える範囲がきわめてせまいのでとくに注意が必要です。わからない単語があるとき，和英辞典を引く前に，基本動詞で表現できるように日本語を変えることを考えましょう。たとえば，「息苦しい」→「息ができない」→「息をすることが難しいとわかる」というように。

●「それまでは，家族というのはあまりにも身近な存在でした」を過去完了形で書く受験生が多いのではないでしょうか。過去のある動作（この課題文では，大学生になって上京した）より古い動作や状態はすべて過去完了，という発想を捨ててください。過去完了は基準となる「過去のある一時点（〈when[before] ＋S ＋動作動詞の過去形〉で表します）」がはっきりしている場合の完了，継続，経験にだけ使い，それ以外はすべて過去形にします。過去完了を使うべきときに使わない間違いより，使うべきでないときに使う間違いのほうが圧倒的に多いので，迷ったら過去形（とくにこの問題のように until[till] とともに使う場合）にしましょう。

Unit 1 中間文を作ろう

Lesson 3
課題文の単語を限定し，一貫した流れのある日本文に変える

例題1

訪れた異国の印象を語ろうとするとき，私がまず思い浮べるのは，食物でも建物でもなく，私と言葉をかわした人の顔であり，考え方である。そこになにがあったかより，そこにだれがいたかをまず考える。　　　　　（黒岩徹『豊かなイギリス』より　東北大学）

中間文の作り方

1 訪れた異国の印象を語ろうとするとき

「訪れた異国」は2つ以上であっても，印象を語るのはそのうちの1国ですから（一度に2つの国について語ることはないでしょう），「訪れたある外国」と考え，a foreign country I visited。Lesson1の例題2で説明したとおり，まず，〈a＋名詞〉を出して，次にそれを〈the＋名詞〉もしくは代名詞（副詞）に置き換えることで，一本の流れを作る感覚をもつように。

「語ろうとする」は正確にはこれから語るわけですから be going to talk。ただ，あまりこだわらずに「語るとき」でかまいません。また，「ある国について語る」ことが「その国の印象」にほかならないので，「印象」を無視することも可能です。

2 食物でも建物でもなく，〜考え方である

「食物」も「建物」も「その外国の食物や建物」です。最初の a country が (foods or buildings of) the country になります。そして，「その外国」が第2文の「そこに(there)」につながります。

3 そこになにが〜まず考える

第1文の「まず」は「最初に」の意味ですが，この「まず」は2つの動作の前後関係を表していますから，「そこになにがあったかを思い出すよ

り前に，そこにだれがいたかを思い出す」と変えます。
「考える」という日本語を見て，たいていの受験生が反射的に think と書きます。それはそれで無理はありませんが，代名詞がほとんど使われず，代動詞がない日本語は，文が単調にならないように，同じ意味を表す言葉を使い分ける傾向があります。この「考える」は第 1 文の「思い浮かべる」と同じ意味を表していますので，remember を使ったほうがベター。たしかに，英語は同じ単語のくり返しを嫌いますが，受験英作文のレベルではそれほど神経質になる必要はありません。それ以外のところで勝敗が決まりますから。

中間文

私が訪れたある外国（の私の印象）について語るとき，私がまず第一に思い出すことは，その国の食物や建物ではなく，私が話をしたその国の人々の顔と考え方だ。私はそこになにがあったかを思い出すより前に，そこにだれがいたかを思い出す。

解答例

When I (am going to) talk about (my impressions of) a country I visited, what I remember first is not foods or buildings of the country, but the faces of people I talked with and their way of thinking. I remember who was there before I remember what was there.

暗記すべき 語い・構文

● **まず第一に** first
at first（最初は）や first for the first time（生まれて始めて）を使わないように。

● **AでもBでもなくC** not A or B, but C

● **ある人の顔** the face of a person
人には顔は 1 つですから，定冠詞で限定します。外国で出会う人は複数でしょうから，顔も複数にすることを忘れないように。「人々の顔」は the faces of people。「人」を「人々」と複数形にするときは persons ではなく，必ず people を使いましょう。

Unit 1 中間文を作ろう

Lesson 3
課題文の単語を限定し，一貫した流れのある日本文に変える

例題1

訪れた異国の印象を語ろうとするとき，私がまず思い浮べるのは，食物でも建物でもなく，私と言葉をかわした人の顔であり，考え方である。そこになにがあったかより，そこにだれがいたかをまず考える。 　　　　（黒岩徹『豊かなイギリス』より　東北大学）

中間文の作り方

1 訪れた異国の印象を語ろうとするとき

「訪れた異国」は2つ以上であっても，印象を語るのはそのうちの1国ですから（一度に2つの国について語ることはないでしょう），「訪れたある外国」と考え，a foreign country I visited。Lesson1 の例題2で説明したとおり，まず，〈a＋名詞〉を出して，次にそれを〈the＋名詞〉もしくは代名詞（副詞）に置き換えることで，一本の流れを作る感覚をもつように。

「語ろうとする」は正確にはこれから語るわけですから be going to talk。ただ，あまりこだわらずに「語るとき」でかまいません。また，「ある国について語る」ことが「その国の印象」にほかならないので，「印象」を無視することも可能です。

2 食物でも建物でもなく，～考え方である

「食物」も「建物」も「その外国の食物や建物」です。最初の a country が (foods or buildings of) the country になります。そして，「その外国」が第2文の「そこに(there)」につながります。

3 そこになにが～まず考える

第1文の「まず」は「最初に」の意味ですが，この「まず」は2つの動作の前後関係を表していますから，「そこになにがあったかを思い出すよ

り前に，そこにだれがいたかを思い出す」と変えます。

「考える」という日本語を見て，たいていの受験生が反射的に think と書きます。それはそれで無理はありませんが，代名詞がほとんど使われず，代動詞がない日本語は，文が単調にならないように，同じ意味を表す言葉を使い分ける傾向があります。この「考える」は第 1 文の「思い浮かべる」と同じ意味を表していますので，remember を使ったほうがベター。たしかに，英語は同じ単語のくり返しを嫌いますが，受験英作文のレベルではそれほど神経質になる必要はありません。それ以外のところで勝敗が決まりますから。

中間文

私が訪れたある外国（の私の印象）について語るとき，私がまず第一に思い出すことは，その国の食物や建物ではなく，私が話をしたその国の人々の顔と考え方だ。私はそこになにがあったかを思い出すより前に，そこにだれがいたかを思い出す。

解答例

When I (am going to) talk about (my impressions of) a country I visited, what I remember first is not foods or buildings of the country, but the faces of people I talked with and their way of thinking. I remember who was there before I remember what was there.

暗記すべき 語い・構文

● **まず第一に** first

at first（最初は）や first for the first time（生まれて始めて）を使わないように。

● **AでもBでもなくC** not A or B, but C

● **ある人の顔** the face of a person

人には顔は 1 つですから，定冠詞で限定します。外国で出会う人は複数でしょうから，顔も複数にすることを忘れないように。「人々の顔」は the faces of people。「人」を「人々」と複数形にするときは persons ではなく，必ず people を使いましょう。

Unit 1 中間文を作ろう

文法上のチェックポイント

● 「訪れた」は経験と考え現在完了形でも，単純に過去の出来事と考え過去形でも，どちらでも OK。重要なのは「訪れた外国」を a country where I visited と書かないこと。visit は他動詞なので，正しくは a country (that) I visited か，a country where I went。目的格の関係代名詞はなるべく省略しましょう。

● 「〜について語る」は talk about 〜。say や tell はなにをいうか，その発言内容に重点があるので，ここでは不適当です。

● 「私が最初に思い出すこと」の「こと」は事実ではなく，具体的なものですから，関係代名詞の what を使います。

● 「食物」「建物」「人」はすべて複数形で書きます。ただし，the はつけないようにしましょう。〈the ＋複数名詞〉は〈all ＋ the ＋複数名詞〉の意味です。目にした食物や建物をすべて，また会話をした人全員をいっぺんに思い出すわけではありませんので。

● 「人々の顔」は people's faces でもかまいません。日本語には「A の B」という表現が非常によく用いられます。いろいろな英作文の仕方がありますが，なるべく of を使わないで書くことを考えてください。A が代名詞のとき，必ず〈A の所有格＋ B〉を使います。これを〈B of ＋ A の目的格〉と誤って書く生徒を私は何十人も見てきました。たとえば，「彼女の生活スタイル」は her lifestyle と書くべきところ，the lifestyle of her と書いてしまうミスです。

● 「そこになにがあったか」「そこにだれがいたか」は what there was, who there was ではなく，what was there, who was there です。what も who も主語なので，間接疑問文になっても語順は変わりません。この there は in the country の意味で，there is 構文ではないからです。また，間接疑問文の前に絶対に that を置かないように。I remember that who was there. と誤った英文を書く生徒は予想以上に多いです。

例題2

冬のロンドンでは天気のよい日は数えるほどしかない。それ

も一日中快晴という日はまずないといってよいぐらいである。したがってどうしても家の中にこもりがちになる。イギリスで芝居が発達したのは，あるいはそんなところにも理由があるのかもしれない。ともかくロンドンの冬の夜長を過ごすには，芝居が最適である。　　　（太田朗『私のグランド・ツアー』より　京都大学）

中間文の作り方

1 数えるほどしかない
比喩(ひゆ)表現です。あっさりと「ほとんどない」で十分。

2 それも一日中〜ぐらいである
このまま英語にしたのでは第1文とうまくつながりません。「天気のよい日はほとんどない。その上，そういった日でさえ，一日中晴れていることはめったにない」として，スムーズな流れを作ります。

3 したがって〜がちになる
いつでもまず主語を決めましょう。第1文でロンドンの話だとわかっているので，「人々」です。「どうしても」はあえて訳せば「必然的に」でしょうが，とくに訳す必要はありません。「家の中にこもる」は日本語らしい日本語です。意味を考え，「家の中に居続ける」とします。

4 イギリスで〜あるのかもしれない
「そんなところにも」なんて，いかにも日本語らしいまわりくどさです。「そういうわけで，イギリスで芝居が発達したのかもしれない」とストレートに。

5 ともかく〜最適である
「ロンドンの冬の夜長を過ごす」のような，「の」の羅列に注意しましょう。なるべく「の」の少ない日本語に変えてください。「ロンドンで冬の長い夜を過ごす」にします。
「芝居が最適である」は「夜の過ごし方」ですから，「芝居に行くこと」と動作で表現したほうが論理的です。

中間文
ロンドンでは冬に天気のよい日はほとんどない。さらに，そうい

った日でも，一日中晴れていることはめったにない。だから人々は家の中に居続ける傾向がある。そういうわけで，イギリスで芝居が発達したのかもしれない。いずれにせよ，ロンドンで冬の長い夜を過ごす最善の方法は芝居に行くことだ。

解答例

In London, there are only a few clear days in winter. Even on such days, it is seldom fine all day long. Therefore, people often[tend to] stay indoors. This may be why plays have become very popular in the United Kingdom. Anyway, the best way to spend long winter nights in London is to go to the theater.

暗記すべき語い・構文

● **天気のよい日** a fine[clear/good] day

● **一日中** all day long（副詞）

● **家の中にこもる** stay indoors
indoors は副詞，indoor は形容詞です。

● **イギリス** the United Kingdom
「イングランド地方」と区別するために，England より，the United Kingdom か Britain がベター。

● **発達する** become popular
「発達」というと，受験生はすぐに develop と書きますが，「普及する」の意味で使われていることが少なくありません。「普及する」＝「一般的になる」，become popular でキメ書きします。

● **いずれにせよ** anyway

文法上のチェックポイント

●「冬のロンドン」のように，日本語は固有名詞も限定することがよくありますが，英語では固有名詞は限定しないでください。時を

表す副詞と，場所を表す副詞はなるべく並べずに，文頭と文尾に分けるといいです。

● tend to V は受験生が大好きなイディオムの一つで，「～しがち」という日本語を見ると喜んで書きます（「～など」を見ると，必ず and so on と書くのと似ています）。しかし，動作動詞の現在形自体が傾向を表しますので，often や usually を使えば，とくに書かなくていい場合が多いといえます。be tend to V と誤った使い方をする危険性もあり，あまり乱発しないようにしましょう。

● This is because ～ . と This is why ～ . を混同しないようにしましょう。どちらの表現においても This は前文を指しますが，This is because ～ . は前文が結果で，「～」がその理由を表し（これは～だからだ），This is why ～ は前文が理由で，「～」がその結果を表します（こういうわけで～だ）。I couldn't attend the party yesterday. <u>This is because</u> I had a lot of assignments to do. と，I had a lot of assignments to do. <u>This is why</u> I couldn't attend the party yesterday を比べてください。

例題3

もし社会の調和がなんらかの点で脅かされれば，専門家は問題処理のために早急に正しい見とおしを立て，実際的な方策を実行しなければならない。そのような努力をしない限り，専門家の存在価値などこの世の中にはない。　　　　　　（大阪大学）

中間文の作り方

1 問題処理のために

この「問題」とは，「社会の調和を脅かしている問題」ですから，「その問題」と限定します。a problem [problems] だと，どんな問題でもいいことになってしまいます。

2 正しい見とおし～実行しなければならない

問題を処理するのですから，「見とおし」はそのための「計画」と考えます。prospect は「将来的な見とおし，可能性」で，perspective は「大

Unit 1 中間文を作ろう

局的な見方」。日本語の単語は文脈で意味が変わることをいつも念頭に置いてください。和英辞典を使って英語を書くことの限界がここにあります。

次に，立てた「その計画」を「実際的な方策で実行する」と考え，「問題処理」と「見とおし」と「実際的な方策」の3つがうまくつながるように日本語を変えてください。

3 専門家の〜この世の中にはない

ずいぶん感情的な言い回しですね。「この世の中にはない」はただの強調にすぎません。ストレートに「専門家はまったく価値［意味］がない」とします。

中間文

もし社会の調和がなんらかの点で脅かされれば，専門家はその問題を解決するために，できる限り早く正しい計画を立て，実際的な方法でその計画を実行しなければならない。そのような努力をしない限り，専門家は全く価値がない。

解答例

If social harmony is threatened in some way, experts have to make good plans to solve the problem and carry them out in a practical manner as soon as possible. Unless they make such efforts, experts are completely worthless.

暗記すべき語い・構文

● **社会の調和** social harmony

● **なんらかの点** in some way
この some は「ある，なんらかの」の意味なので，後ろは単数形。

● **脅かす** threaten

● **専門家** expert
日本語が「プロ」であっても pro や professional より，expert を使っ

たほうが文脈に合う場合が多いです。

● **計画を立てる**　make a plan

● **計画を実行する**　carry out a plan

目的語が代名詞のときは，carry it out のように，目的語を真ん中にはさみます。

● **努力する**　make efforts[effort]

effort は可算名詞でも不可算名詞でも使えます。

● **〜しない限り**　unless

日本語が「〜しない場合」や「〜しない」であっても，それ以外に方法がないときには，〈if + not〉ではなく，unless を使ってください。unless を正しく使えば，採点者は好印象をもちます。

文法上のチェックポイント

●「正しい」「適切な」「適当な」を表す形容詞は，proper/appropriate/adequate/suitable などいろいろありますが，good が最も安全です。英語の単語は難しければ難しいほど，意味が強く限定され，使える範囲がせまいので，幼稚になることを恐れず，なるべく基本的な単語を使ってください。

●「早急に」は「できる限り早く」としてください。「たくさん〜すべきだ」は「できる限りたくさん〜すべきだ」，「早く〜すべきだ」は「できる限り早く〜すべきだ」というのが，英語の発想です。

●「全く価値がない」に，S be worth Ving 〜（S は〜する価値がある）を使うことも可能です。ただし，この構文の Ving は受動の意味ですから，V は必ず他動詞。exist は自動詞なので，Experts are not worth existing. とはいえません。いうとすれば Experts are not worth having. となります。

Unit 2

キメ書きの
ススメ

◎ 迷わないための「キメ書き」とは

「減点されない英作文」のためのもう1つのコツは、「キメ書き」です。つまり、この日本語は必ずこの英語で表現する、と決めて覚えてしまうことです。多少むりやりでも1対1の対応関係を作って、入試本番で迷わないようにするのです。

どうして「キメ書き」をおすすめするかについて説明しましょう。

◎ 言語と言語は、1対1で対応しない

言語はどんなものであれ、それぞれ独自の語いと表現をもち、異なる言語の間で、単語が1対1で対応することは比較的まれです。ある単語を翻訳するのに、ぴったりとしたいい回しはなく、だいたい同じ意味を表す表現がいくつかあったり、場合によってはある言語の単語が表す概念そのものが、別の言語には欠けていたりすることもあります。日本語と英語のように語族を異にする言語間では、この傾向はとくに顕著です。

これらを考慮すると、1つの日本文を英訳するとき、何とおりもの英文が生まれるのは、しごく当然の結果です。英作文の問題集に「別解」と称して、2つ以上の解答が載せられているのもうなずけるところです。

しかし、私は『減点されない英作文』でも本書でも、不満を感じる人がいると承知しつつも、基本的に解答例は1つしかあげていません。

というのも、私は大学受験の塾講師ですし、みなさんはこれから大学受験を迎える受験生です。私たちの目的は1つ。志望校合格のために英語で高得点を取ることです。そのためには、どの程度英作文ができる必要があるのか。現実問題として、そんなにできなくていいんです、ソコソコで。

私たちがめざすべきものは、1つの日本語を何とおりもの英語で表現できる力ではなく、また課題文をピッタリと完全に英訳できる能力でもありません。だいたいの意味が同じで、文法的にもロジック面でも英語になっている文を、制限時間内で書けるようになることです。

◎ 1対1の関係をあらかじめ作っておき，本番で迷わない

　とくに，日本語と英語はコロケーション（動詞と副詞，名詞と形容詞といった語と語の組み合わせ）が著しく異なるために，日本語の組み合わせをそのまま英語に移し換えると，まず失敗します。その対策として，この日本語は必ずこの英語で表現すると決めて覚えてしまう「キメ書き」が効果を発揮するのです。

　たとえば，「〜する人が著しく増えてきた」の「著しく」が，「目立って」でも「大幅に」でも「目に見えて」でも「急激に」でも，increase（増える）につけるのなら副詞は remarkably（著しく）と決めるのです。より適切には noticeably, rapidly, markedly, substantially などを使わなければならないとしても，大切なことは People who 〜 have increased とか The number of people who 〜 have increased と書かないことなのですから。

　乱暴かもしれませんが，私は大学受験の英作文はそれでいいと思っています。もっと正確で多様な表現力を身につけたい人は，大学に入ってから思う存分やってください。その場合でも，「キメ書き」がいい土台になることは，太鼓判を押します。
　では，例題をとおして「キメ書き」の練習をしていきましょう。

例題 1

最近，春休みや夏休みに海外旅行に出かける学生が，目立って多くなってきた。外国で得た彼らの貴重な体験は，社会に出てからきっと役に立つだろう。
(横浜市立大学)

中間文

最近，春休みか夏休みに海外旅行に行く学生が著しく増えた。彼
① ② ①
らが外国で得る貴重な体験は，彼らが働き始めた後できっと役立
③
つだろう。

キメ書き！

① **最近〜する人が著しく増えた [減った]**
   Recently, the number of people Ving 〜 has remarkably increased[decreased].

recently は過去形か現在完了形とともに使います。現在形とともには使えません。

主語は the number で単数扱いだから，述語動詞は has increased。Ving 〜 の代わりに who V 〜 を使っても，1 語長くなるだけでとくに問題ありません。

「著しく」などの修飾語がなく，「近ごろ〜する人が増えてきた [減ってきた]」は，Now more and more[fewer and fewer] people are Ving 〜. と書きましょう。時制は現在進行形か現在形で，「最近，近ごろ」には recently が使えません。now 以外に today, nowadays, these days でも OK です。こちらのほうが口語的で短く書けますが，「著しく」などの副詞は入れられません。

② **春休み [夏休み] に** for one's spring[summer] vacation

in spring vacation と書かないように注意。この for は時間の継続ではなく，「休みを過ごすために」という目的を表します。もちろん，during one's vacation とはいえます。vacation は所有格で限定し，単数形で使います。「春休み [夏休み] を使って [利用して]」となっていても，use

は使わないように注意。

③ **働き始める**　begin to work
「社会の一員となる」も，これで書きます。

解答例

Recently, the number of students traveling abroad for their spring or summer vacation has remarkably increased. The valuable experiences they get abroad will be certainly helpful after they begin to work.

文法上のチェックポイント

● 「外国で得た」の「得た」という日本語につられて，過去形にしないように。これは学生一般についての話です。英語では一般論には現在形を使います。

● 「外国で得た彼らの貴重な経験」という日本語に合わせて，their valuable experience that they get in foreign countries と書く人が多いのではないでしょうか。所有格のついた名詞はそれだけでとても強く限定されているので，それ以外の限定語句をプラスしないほうが無難です。ですから，関係詞の先行詞に所有格をつけないでください。限定するときは the にしましょう。ここでは「海外で得たすべての経験が役立つ」ので，the をつけます (the ＋複数名詞＝ all the ＋複数名詞)。また，この「経験」は具体的に経験したことなので，「いろいろな経験」と考え，複数形にし，the valuable experiences they get abroad となります。目的格の関係代名詞は省略して，1語でも短くします！

例題2

人間には想像力というものがある。だが残念なことに，その力は意外に限られている。病気にならないと病気の人の立場や気持ちがわからない。　　　　　　　　　（大阪大学）

中間文

<u>人間</u>は想像力をもっている。しかし，<u>残念なことに</u>，それは
① ②
<u>意外に</u>限られている。病気にならない限り，病気の<u>人の立場に立</u>
③ ④
<u>て</u>ず，彼（女）らの<u>気持ち</u>がわからない。
⑤

キメ書き！

① 人 / 人間 / 人類　we/people
people を代名詞にするときは we ではなく they。people を使わず，すべて we で書くほうが間違えにくいかもしれません。
単数形のときは someone。単数扱いですが，代名詞には they が使えて，性別が問題になりません。
「人類」は human beings で。humans も OK ですが，無冠詞単数で使うミスをよく目にします。human は名詞の場合，可算名詞なので，必ず s をつけてください。

② 残念なことに　unfortunately
to one's regret, It is a pity that などいろいろな書き方がありますが，unfortunately が短くていいです。

③ 意外に［案外］〜だ　surprisingly 〜 /unexpectedly 〜
〈比較級＋than＋S＋expect〉は英語らしい表現ですが，少し長くなります。

④ 人の立場に立つ　put oneself into[in] 〜's shoes

⑤ 人の気持ち　how one feels/one's feelings
名詞の場合，必ず複数形で。

解答例

We have imagination, but unfortunately it is surprisingly limited. We cannot put ourselves into sick people's shoes or realize how they feel unless we are ill.

Unit2 キメ書きのススメ

文法上のチェックポイント

● 日本語では「〜力」という表現をよく使いますが,「〜力がある［ない］」を英訳する場合, power や ability (force は物理的な力なので論外) などを使わずに, できるだけ形容詞を考えましょう。たとえば, imaginative（想像力がある）や decisive（決断力がある）のように。また, imagination 自体に「想像力」の意味もあります。

●「人の立場に立つ」を put oneself into sick person's shoes と書く受験生をよく見かけます。正しくは, put oneself into a sick person's shoes か put oneself into sick persons'[people's] shoes です。s で終わる複数名詞の所有格は, 〜s' です。アポストロフィの位置に注意してください。ただし, person は複数形で使わないほうが無難です。

例題3

私たちは, さまざまな機会を利用して, 他人の心を思いやって行動することの大切さを子どもたちに教えていかなくてはいけません。
(岩手大学)

中間文

私たちはさまざまな機会を利用して, 他人に思いやりをもつこと
　　　　　　　　　①　　　　　　　　　　　②
がいかに大切かを, わたしたちの子どもたちに教えなければなら
　　③
ない。

キメ書き！

① 〜する機会を利用する
　make use of the opportunity[opportunities] to V 〜

② 他人に思いやりをもつ　be considerate of others
「心」も「行動する」もとくに書く必要はありません。前置詞 of を正確に

覚えてください。

③ ～の大切さ　how important S be 動詞～

「大切さ」とか「おもしろさ」などは，「いかに大切か」「いかにおもしろいか」と考え，感嘆文で表現しましょう。名詞を使わずにすみ，冠詞や単複の問題で減点される危険性が低くなります。

解答例

We have to make use of the various opportunities we have and to teach our children how important it is to be considerate of others.

文法上のチェックポイント

● 「さまざまな機会」をすべて利用するわけですから，全体をカバーする〈the ＋複数名詞〉。various に続く名詞は必ず複数形です。

● 受験生は共通関係で苦しみます。共通関係とは，たとえば「新聞や雑誌の記事」の「記事」が「雑誌」だけでなく「新聞」にも続いているというような関係をいいます。多くの受験生がこれを，newspapers and articles of magazines と書きます。正しくは，newspaper and magazine articles か articles of newspapers and magazines です。例題文の「いけません（have to）」を「教える」だけにかけ，We use a lot of opportunities ～ and have to teach ... と書き間違える受験生が驚くほど多いのです。

● 「子どもたち」は一般的な子どもたちとも解釈できますが，やはり「私たちの子どもたち」と限定したほうがいいでしょう。

例題4

以前は大学生のアルバイトは，両親が学費を払ってくれるのを手助けするためだったが，近ごろでは自分のためのお金がほしくてバイトする学生が多いようだ。　　（熊本県立大学）

Unit2 キメ書きのススメ

中間文

<u>昔は</u>大学生は彼らの両親が彼らの<u>学費</u>を払うのを助けるために
① ②
<u>アルバイトした</u>。しかし，今は多くの大学生が自分で使うための
③
お金を得るためにアルバイトしているようだ。

キメ書き！

① 昔は　formerly

many years ago, in former days[times], in the old days, in old times などいろいろな書き方がありますが，formerly が短くていいです。formally は「正式に，格式ばって」です。混同しないように。「昔から（ずっと）〜」なら，have traditionally[long] Ved 〜。「以前は〜だった」という日本語を見ると，条件反射のように used to を使う生徒をよく見かけますが，(1)「現在と過去を対比する」，(2)「定期的に行われた動作や状態」の，2つの条件に合う場合にのみ限定的に使ってください。例題文は (1) の条件は満たしますが，(2) は満たさないので，単純な過去形を使います。

② 学費　school expenses

school fees や tuition fees もありますが，これでキメ書きしましょう。

③ アルバイトする　work part-time/have a part-time job

part-time は副詞としても形容詞としても使えます。

解答例

Formerly, college students worked part-time to help their parents pay (for) their school expenses, but now many of them seem to have part-time jobs to get money for their own spending.

文法上のチェックポイント

● help の使い方，〈help ＋人＋ V [to V, with ＋名詞]〉を確認してください。help はまず目的語に人を置くことを忘れないように。

● 「~は多い [少ない]」をS ~ are many [few] と書かないようにしましょう。many や few が単独で補語になることは原則としてありません。「多くの [少ない] ~」を主語にしてください。

例題5

（小説を映画にする場合，）その本の人気がなければないほど，多くの文学ファンが結果にがっかりする可能性は小さくなるだろう。
（東京工業大学，長文問題からの抜粋）

中間文

もとになっている小説が人気がなければないほど，多くの文学ファンがそれに基づいた映画にがっかりする可能性は低い。
① ②

キメ書き！

① ~であればあるほど，…になる

the ＋比較級＋S V ~, the ＋比較級＋S V …

比例を表す接続詞 as を使って，〈As ＋ S V ＋比較級~, S V ＋比較級…〉で表現することもできます。

② ~であればあるほど，…する可能性 [危険性] は高く [低く] なる

the ＋比較級＋S V ~, the more [less] likely S ＋ be 動詞＋ to V …

「可能性 [危険性] がより高い [大きい] ／より低い [小さい]」はすべて，be likely to V ~をベースにして，be more likely to V ~／be less likely to V ~で表現します。

解答例

The less popular the original novel is, the less likely many literary fans are to be disappointed with a film based on it.

Unit2 キメ書きのススメ

文法上のチェックポイント

● 〈the ＋比較級〜, the ＋比較級 ...〉ほど, 受験生になじみがあるのに, 受験生がきちんと書けないものはありません。最も近くて遠い構文といえます。この構文を使うときは, もとの文をまず作りましょう。この問題の場合, The original novel is popular. Many literary fans are likely to be disappointed with a film based on it. です。そして, popular と likely に less をつけ, 前に出します。少し面倒ですが, こうすればミスが減ります。ほとんどの生徒の 〈the ＋比較級〜, the ＋比較級 ...〉 は, 比較級を原級に変えてもとの文に戻しても, 英文として成立しないものが圧倒的に多いのです。比較級は more と決めつけ, なんでもかんでも The more 〜, the more... で書こうとする生徒もめずらしくありません。また, the の後に続ける語句を間違うこともよくあります。たとえば, the less popular the original novel is とすべきところを, the less the original novel is popular とする間違いを, 私は何度も見てきました。

例題6

私はこの７月でスペイン語を２年間学んでいることになりますが, さっぱり進歩したとは感じられません。どこの言葉であっても, 不断の練習なしには上達は望めません。国際交流の時代といわれる今こそ, 外国語の習得に努力と時間をかけることは, 十分意義があるといえましょう。

（富山大学）

中間文

私はこの７月でスペイン語を２年間学んでいることになるが, 進歩したとはまったく思えない。どんな言語を身につけようとしても, たえず練習しなければ上達することは期待できない。現代は 国際交流 の時代といわれているので, 外国語の習得に

努力と時間をかけることは,いっそう意義がある。
　　　④　　　　　　　　　　　　⑤

キメ書き！

① **語学が進歩する**　make progress in a language

② **現代は〜の時代といわれている**　This is the age of 〜
This は「今日,現代」を表し,「現代[今]は〜の時代だ」。

③ **国際交流**　international communication

④ **〜に努力[エネルギー]と時間をかける**
　put time and energy[effort(s)] into 〜
spend だと time と energy を目的語にとれますが,effort は目的語にできません。

⑤ **〜なので,いっそう…**　all the＋比較級…＋for[because]〜
なにかが,ある理由に比例するときに使う構文です。

解答例

By this July I will have been learning Spanish for two years, but I'm afraid I have not made any progress in it. Whatever language you try to learn, you cannot expect to improve in it unless you practice it constantly. It is all the more significant to put a lot of time and energy into learning foreign languages because this is what is called the age of international communication.

文法上のチェックポイント

● 「この７月で〜学んでいることになります」は未来完了形でしょうか,未来完了進行形でしょうか。この区別は基本的に,未来のあるときにその動作が行われているかどうかを基準に考えます。この人は今度の７月がきてもスペイン語を学び続けているでしょうから,未来完了進行形を使います。また,完了形が動作の結果を強調するのに対して,完了進行形は動作の継続を強調する点も判断基準

Unit2 キメ書きのススメ

となります。

● 「進歩した」は現時点での動作動詞の具体的な事実なので，もちろん現在完了形。

● 「十分意義がある」のように，「～がある［ない］」は there is 構文に飛びつかずに，まず形容詞を使うことを考えてください。significant[important] 自体が「意義（重要性）がある」という意味です。

● 日本語の回りくどい婉曲表現をあまり正直に訳す必要はありません。「意義があるといえましょう」は「意義がある」で問題ありません。

例題7

医院で診療を受けると，帰りにはどっさり薬が渡されるという経験は多くの人がもっているはずだ。数多くの病気を抱えて通院している人は，いわゆる薬づけという状態を余儀なくされている。飲む薬が多くなればなるほど副作用（side effect）の危険性も高くなるのである。

（島根大学・医）

中間文

病院で医師に診てもらった後で，たくさん薬をもって帰るという経験を，たいていの人がもっている。数多くの病気のために通院している人は，いわゆる薬に依存した生活を送ることを強いられている。薬をたくさん飲めば飲むほど，副作用（side effect）に苦しむ可能性が高い。

> キメ書き！

① という経験をもっている
　have the experience of Ving 〜

ここで絶対に have the experience that 〜と同格の that を使わないこと。experience は同格の接続詞 that をつけられない代表的な名詞です。

② 病気　a disease
具体的な病気には disease を使いましょう。可算名詞です。illness は「病気であること，病気の状態」の意味で使われることが多い単語です。

③ 通院する/病院に行く　go to the hospital
ただし，「入院する」の意味にもなります。hospital は the をつけるか，無冠詞にします。

④ 〜な生活を送る（状態）　lead a 〜 life
この表現は，「〜」に入る形容詞がない形，lead a life では使えません。

⑤ 〜することを強いられている　be forced to V 〜
｜〜するのを強いられる」を表す代表的な表現。

⑥ 薬を飲む　take medicine
drink は「液体を飲む」の意味なので，「水薬」の場合しか使えません。medicine は不可算名詞ですが，種類をいう場合には数えられます。

> 解答例

Most people have the experience of coming home with a lot of medicine after seeing a doctor at a hospital. People going to the hospital for various diseases are forced to lead a so-called "drug-dependent" life. The more medicine they take, the more likely they are to suffer from side effects.

> 文法上のチェックポイント

● 「たくさん薬をもって」を with having a lot of medicine と書かないように注意しましょう。分詞構文と付帯状況の with を混同

Unit2 キメ書きのススメ

するせいか,「～しながら」を with Ving ～で表すミスをよく見かけます。

「私は宿題をたくさん抱えて学校から家に帰った」

○ I went home from school <u>with</u> a lot of assignments.
○ I went home from school, <u>having</u> a lot of assignments.
✕ I went home from school <u>with having</u> a lot of assignments.

例題8

私は,家具や道具はなるべく木の素材を選んでいます。木は命あるもの独特のやさしい雰囲気があるので,心地いいんです。人工的な素材は新しいときが最高の状態だけれど,木は新品のときが出発点です。年月にみがかれて,味わいも美しさも増していく。そこが一番の魅力です。

(京都大学)

中間文

私は,ふつう,木でできた家具や道具を選ぶ。木はやさしい雰囲気があるので,私には快適だ。これは生きているものに特有である。人工的な素材でできたものは新しいときが最高の状態だが,木でできたものは新品のときが出発点だ。時がたつにつれて,それらはますます魅力的に,美しくなる。これがそれらの最高の魅力だ。

①雰囲気がある
②特有である
③素材でできたもの
④最高の状態
⑤時がたつにつれて

キメ書き

① ～には…な雰囲気［ところ］がある
There is something＋形容詞... about ～ / There is something

about ～ that S V ...
この about は「まわりに」の意味で,「～の周囲に漂う雰囲気」を表します。

② ～に特有だ　be peculiar to ～

③ ～でできたもの　things made of ～

④ 最高の状態で　at one's best
at best「よくても,せいぜい」と混同しないように。

⑤ 時がたつにつれて　as time goes by
with the passage of time などいろいろないい方がありますが。

解答例

I usually buy pieces of furniture and tools made of wood. Wood is pleasant to me because there is something soft about it. This is peculiar to living things. Things made of artificial materials are at their best when they are new, while ones made of wood are starting to get better when they are brand-new. As time goes by, they become more and more attractive and beautiful. This is their greatest charm.

文法上のチェックポイント

● increase や decrease は「数量が増える,減る」の意味ですから,原則として数や量で表すことができないものには使うことができません。「美しさが増す」「決断力が増す」「魅力が減る」「想像力が低下する」などは,すべてまず形容詞を思い出し,「増す」なら more をつけ (become more beautiful, become more decisive のように),「減る」なら less をつけて (become less attractive, become less imaginative のように) 表現してください。

Unit 3

実戦演習編

Unit 1, Unit 2で学んだことを，さらに問題を解くことで定着させます。これまでの学習をふまえて，まず課題文を中間文に変え，英訳します。その後で解説を読み，解答例と自分の作例をくらべてください。参照項目には必ず目をとおすこと。問題は典型的なものを取りそろえてあります。解答例を覚えるまで，くり返しやりましょう。練習がすべてですよ。

Practice makes perfect!

問題

1 最近の科学技術の進歩はめざましく，ほんの10年前には不可能であると考えられていたことが可能になった。　（京都教育大学）

2 「21世紀は国際化の時代だから，日本人はもっと国際感覚を養うべきだ」。こういう発言に対して，「いまだにそんな発言をする人は，時代遅れである」と批判をする者もいます。　（名古屋大学）

3 言葉はあまりに身近にあるので，その存在を忘れてしまうことさえある。しかし，病や事故などで言葉に不自由を感じるようになって，はじめてその存在の大きさに気づくことがあるだろう。

（大阪大学）

4 語学教育でも，日常の習慣を含む文化の違いを教えることが結局は一番重要だという人もある。もしそうなら，東洋と西洋の文化が混在している日本では，その必要性がひときわ大きいだろう。

（亀井俊介『現代の風景』より　神戸大学）

5 人が痛みを感じる仕組みとはどんなものだろうか。そして薬が痛みを和らげるのに役立つのはどのようにしてなのだろうか。

（東京工業大学）

6 (1) 今や，たばこが健康に悪影響を及ぼすということは，医者だけでなく一般の人々の間でも常識となっている。しかし，ニコチ

ン依存症の人が喫煙をやめるのは，かなり困難である。そしてまた，(2)このような人には病人としての治療が必要であるという理解は，まだ医者の間でも十分でない。

(下線部を英訳しなさい。東北大学)

7 日本語は他の言語と異なっているところが多いため，難しいと思われがちである。しかし，学び始めるのに容易な言語といわれている。その証拠に，日本に来ている多くの外国人は1年もすると日常会話を十分こなすようになる。

(天理大学)

8 この変化の激しい現代日本社会において，大人が子どもに伝えるべきものとは，なんなのだろうか。端的にいえば，それは，「どのような社会に放り出されても生き抜いていける力」である。

(大分大学)

9 岩手大学には，宮沢賢治が作品の題材にした木々が今でも残っている。彼は人間ばかりでなく，自然界におけるあらゆる動植物の生命を尊重した。私たちは岩手が生んだ賢治のことを誇りに思い，自然や環境に対する彼の精神を未来に引き継いでいかなければならない。

(岩手大学)

10 大地震が発生したときの鉄則は何か？　まずは，グラッときたら火の始末。(1)大地震で火災が起こると，道路が通れなくなるので，消防車による消火は期待できない。地震の犠牲者の多くは焼死によるもので，火の始末が大きな災害を防ぐことになる。次に安全確保。地震は長くても2～3分。(2)ガスレンジなどを消した後は，すばやく机やテーブルの下に潜って，落下物から身を守らねばならない。それから，自分の置かれた状況に応じて，最も安全な場所に移動する。屋外は決して安全でない。地震のときには屋内も安全ではないが，屋外のほうはガラスや看板，自動販売機など倒壊物・落下物の危険もある。(3)あわてて外に飛び出すと，思わぬ大けがをする可能性が高いので，冷静に行動する必要がある。

(下線部を英訳しなさい。名古屋大学)

11 あるとき，英語学校の先生に恋をしてしまった。しかし，私の英語力には限界がある。気のきいたこと，2人の間を近づけるようなことはなに一ついえない。日本語でもいえないんだから，英語でいえるわけがない。自然，会話はとぎれがちになる。

（大阪教育大学）

12 駅から目的地までや，電車の乗り換えなどで否応なく歩かされる都会の生活というものは，車だけに頼った田舎の生活よりも案外健康的なのかもしれない。

（大阪市立大学）

13 情報には不思議な力がある。あることを知っているというだけで，人を豊かな気分にさせる。知らないということに気づいたとき，人を不快にさせる。しかし，情報はお金と同じで，使うことによってはじめて真の価値を生むのだ。

（大阪府立大学）

14 世の中で生きていくとき，他人の心がわかるか，わからないかで，大きな開きが出てくる。どのような社会で生きるにせよ，人は単独に生きるわけではない。それなら他人の心を理解することは，人生でなにより大切なことであるはずである。

（養老孟司『時代の風，他人を理解する』より　北九州市立大学）

15 隣に住むイギリス人の老夫婦は庭の手入れが大好きで，花を欠かしたことがない。質素な生活ぶりから裕福でないことは明らかだが，本当に豊かな生活とはあのようなものではないだろうか。

（津田塾大学）

16 テレビと比べて，本はつつましやかですが，それだけに子どもにとってはわがままな対し方が可能です。気に入った本をいつでも見られるし，ページを勝手にめくることもできます。その上，大好きな人に読んでもらうという楽しみさえあります。（京都大学）

17 人間は今まで森林と調和を保って暮らしてきたが，今や状況は急速に変わりつつある。事実，地球上から森林が姿を消すにつれて，気候は深刻な影響を受け，飢餓人口が増えている。　（神戸大学）

18 A 「きみは大学では何を専攻するつもりだい」
  B 「それはまだ考えていないんだ。とにかく入学試験に合格することが先決だからね。きみはどうなんだい」
  A 「ぼくは言語を専攻することに決めているんだ。いつか語学の教師になりたいと思っているからね」
  B 「それはおもしろそうだね。きみにとっては，きっと，いろんな言語をやるのも苦にならないだろうね」 〔愛媛大学〕

19 現代人は骨が弱くなったといわれる。とくに最近の子どもたちは，ちょっと転んだだけで，骨を折ってしまうことがよくあるという。それというのも，最近の日本人は食生活の伝統を忘れ，思慮もなく習慣を変えてしまったからである。私たちは，今一度，日本の伝統を見直す必要がありそうである。
（樋口清之『食物と日本人』より　信州大学）

20 最近の若者は以前ほど本を読まないといわれる。しかし人気作家の作品がよく売れていることを考えると，若者が読書嫌いになったとは即断できない。若者はただ自分たちの興味をひくものにだけ熱中するのだ。 〔実践女子大学〕

21 私たちは，日常生活の中で意識しているかどうかにかかわらず，さまざまな色に影響を受けている。色は私たちの心理状態や感情を作り出す大きな要因になっている。たとえば，光の当たらない暗い部屋に長時間いると気分が落ち込み健康にもよくない。
〔新潟大学〕

22 本好きにするには，本の楽しさを知らせる必要があります。一方的に母親が押しつけたのでは，いやになります。まず，一緒に本屋に行って，本をさがすところから始めてみます。次に，買ってきた本は，できれば子どもが「読んでくれ」といってくるまで，子どもの目につく場所にほっておくというくらいのゆとりが，母親にほしいと思います。 〔奈良女子大学〕

23 野球は，アメリカの国民的スポーツの一つである。多くのアメリカ人は，子どものころ，近所の野原で野球をして大きくなる。泥まみれになり，隣のだれそれさんは自分より上手になったとか，ならないとかいいながら，他人と共同生活を送っていくすべを身につけていく。あるいは他人に打ち負かされるという屈辱感を受け入れる訓練を重ねていく。 (京都大学)

24 子どものころに私が毎週欠かさず見たあるテレビ番組があった。その主役はどこにでもいそうな犬で，そいつがある町にふらりとやってきては，そこで起こった事件の解決に協力し，人間からほめられる前に姿を消して，また次の町に向かって旅を続けるのだ。私をとりこにしたのは，1つの場所に安住せずに，たえず動き続ける，その姿だったに違いない。 (京都大学)

25 「コンピュータは間違えません」という決まり文句があるが，それは要するに扱う人間の側が間違えることが多いということだ。相手が人間の場合，「あ，ここはこうするつもりが間違えたんだな」と推察してくれるかもしれないが，コンピュータはなかなかそうはいかない。コンピュータを疑う前にまず自分を疑え，とくに初心者はこれを肝に銘じておいたほうがいいだろう。 (京都大学)

Unit3 実戦演習編

解 答 & 解 説

1 最近の科学技術の進歩はめざましく,ほんの10年前には不可能であると考えられていたことが可能になった。
(京都教育大学)

中間文

最近,科学技術はめざましく進歩し,それはたった10年前には不可能だと考えられていたことを可能にした。

キメ書き!

● **科学技術[科学]がめざましく進歩した**

Technology[Science] has made remarkable progress.

今進歩した状態にあるので,時制は必ず現在完了形で。「進歩する」はadvance, make advances, develop などの表現がありますが,progress は動詞でも使えるし,これでいきましょう。名詞の progress は絶対に数えてはダメです。単数形です。

解答例

Recently, technology has made remarkable progress, and it has made possible what was thought to be impossible ten years ago.

文法上のチェックポイント

● **「ほんの10年前には不可能である」**

10年前の話なので,「不可能である」ではなく「不可能であった」が正しい。日本語から英語の時制を判断しないこと。

● **「考えられていたこと」**

「考えられていたこと」に関しては,この場合,「具体的になにが考えられていた」という意味なので,接続詞の that ではなく,関係代名詞の

what を使います。(the) thing(s) that ～よりも what ～を使ってください。冠詞や単複の問題がなく，短く書けるので。

また，what に続く文をチェックしましょう。主語なり，目的語なり，必ず (代) 名詞が消えていることを確認してください。関係代名詞の後に，文の要素がすべてそろった完全な文を書かないように注意してください。

● 「可能になった」

「～を可能にする」は make ～ possible ですが，make possible ～の語順で１つの他動詞として使うことが多く，この問題のように目的語が長い場合は，必ずそうします。今可能なのですから，時制は当然現在完了形。

2 「21世紀は国際化の時代だから，日本人はもっと国際感覚を養うべきだ」。こういう発言に対して，「いまだにそんな発言をする人は，時代遅れである」と批判をする者もいます。 (名古屋大学)

中間文

「21世紀は国際化の時代だから，日本人はもっと国際化すべきだ」という人がいる。こういう発言に対して，「いまだにそんな発言をする人は，時代遅れである」と批判する人もいる。

キメ書き！

● 21世紀　the twenty-first century

必ず the をつけ，序数を使います。数字で表現するとき「20世紀」は 20th century ですが，「21世紀」は 21th ではなく 21st (twenty-first) ですから注意しましょう。

● ～は…の時代だ　～ is the age of …

This is the age of ～ (現代 [今] は～の時代) のアレンジです。

● (ある国民が) 国際化する

become more internationally-minded

● 時代遅れで　old-fashioned

out of date は主語が物のとき，behind the times は主語が人のときに使う傾向があるようです。old-fashioned はどちらでも OK。

解答例

Some people say, "The twenty-first century is the age of internationalization, so Japanese people should become more internationally-minded." People criticize this remark by saying, "People who are still saying such things are old-fashioned."

文法上のチェックポイント

● 「『〜』という人がいる」

直接話法の伝達動詞は say が原則ですから，引用符（" "）の前の動詞はなるべく say を使ってください。tell me, "〜." や，ask him, "〜?" はダメです。tell me that 〜，ask him 間接疑問文〜といった間接話法を使ってください。私の生徒の多くが直接話法と間接話法を区別できません。また，引用符の前には必ずコンマ（,）を打たなければなりませんが，このコンマを忘れる生徒がとても多いです。

---

3 言葉はあまりに身近にあるので，その存在を忘れてしまうことさえある。しかし，病や事故などで言葉に不自由を感じるようになって，はじめてその存在の大きさに気づくことがあるだろう。　　　　　（大阪大学）

中間文

言葉はあまりになじみ深いので，私たちはそのことを忘れてしまうことさえある。しかし，病や事故のために言葉をうまく使えないようになって，はじめてそれがいかに大切かに気づくだろう。

> **キメ書き！**

● **～になじみ深い** be familiar to ～
前置詞に注意。「～が…をよく知っている」は，～ be familiar with ...

● **～して［～になって］はじめて…する**
　It is not until ～ that S V...
もちろん S don't V... until ～ でもかまいません。

● **（事実）に気づく** realize
find や know を使っても大丈夫ですが，notice は目や耳で気づくという知覚動詞なので，使わないほうが無難です。

> **解答例**

Language is so familiar to us that we even forget it. But it is not until you cannot use it well because of illness or accident that you realize how important it is.

> **文法上のチェックポイント**

● **「その存在の大きさ」**
このようないい方は感嘆文を使って表現しましょう。「存在」は訳さず，「それがいかに重要であるか」というように。

---

4 語学教育でも，日常の習慣を含む文化の違いを教えることが結局は一番重要だという人もある。もしそうなら，東洋と西洋の文化が混在している日本では，その必要性がひときわ大きいだろう。

(亀井俊介『現代の風景』より　神戸大学)

> **中間文**

語学教育でも，日常の習慣の違いを含む文化の違いを教えることが結局は一番重要だという人もいる。もし彼らが正しいなら，日本では東洋と西洋の文化が混在しているので，それだけいっそう

必要だ。

キメ書き！

● **語学教育** language teaching
education は教育全般に用いる単語ですから，language education といわないほうが無難です。「語学を教えるときに」と考え，in teaching languages でもOK。

● **習慣** custom/habit
原則として社会の習慣が custom で，個人の習慣が habit。例題文はいろいろな社会習慣なので customs と複数形にします。

● **〜する人もいる** Some people V 〜 .

● **〜なので，それだけいっそう…だ**
all the + 比較級… + for [because] 〜

解答例

Some people say that even in language teaching, to teach cultural differences, including those in everyday customs, is most important after all. If they are right, it is all the more necessary[important] in Japan, because Eastern and Western cultures coexist there.

文法上のチェックポイント

● **「〜の違い」**
「〜の違い」の「の」にあたる前置詞は of ではなく，in です。名詞のくり返しは極力避けなければなりませんから，「日常の習慣の違い」は those (= the differences) in everyday customs。置き換えられる名詞が複数形なので，that ではなく those を使います。

● **「〜すること」**
「〜すること」を to 不定詞で表すか動名詞で表すか。これから行われる（まだ行われていない）動作には to 不定詞，すでに一般的に行われてい

る動作には動名詞を用いるのが原則です。ただし，どちらでもいいケースが多く，あまり神経質になる必要はありません。もっとも，条件の意味（〜すれば…する）が含まれているときには，to 不定詞を使ってください。課題文では「日常の習慣を含む文化の違いを教えること」は必ずしも行われていないので，to 不定詞のほうがいいでしょう。

● 「必要性」
日本語では「その必要性がひときわ大きい」というようないい回しをよくしますが，英語では名詞を使わずに形容詞で表現するように心がけてください。

● 「もし〜なら，…ので，——」
副詞節を2つ並べた後に，主節を置く書き方はなるべく避けましょう。解答例の第2文のように，主節を真ん中に置き，前後に副詞節を置くようにしましょう。ですから，If they are right, because Eastern and Western cultures coexist in Japan, it is all the more necessary[important] there. とは書かないように。

5 人が痛みを感じる仕組みとはどんなものだろうか。そしてが痛みを和らげるのに役立つのはどのようにしてなのだろうか。
(東京工業大学)

中間文
人はどのように痛みを感じるのか。そして，どのようにして薬が痛みを和らげるのに役立つのか。

キメ書き！

● **人** 単数のときは someone / 複数のときは people
someone の利点は代名詞にするとき，he or she ではなく，they が使える点です。単数形のときは person も使えますが，複数形では使わないでください。

● **痛みを和らげる** ease pain / relieve pain

> **解答例**

How do people feel pain?　And how can medicine help ease it?

> **文法上のチェックポイント**

●「人が痛みを感じる仕組み」

「人が痛みを感じる仕組み」を直訳して，the mechanism [system] which people feel pain と書く危険性があります。正しくは，the mechanism [system] by which people feel pain です。関係代名詞が使えるのか，〈前置詞＋関係代名詞〉にしなければならないのか，いつも考えましょう。もっとも，「仕組み」という日本語にとらわれず，how を使うほうが安全です。

● help

「～するのに役立つ」というとき，help の後の動詞は原形不定詞か to 不定詞で。help は原形不定詞を目的語にできる例外的な動詞です。

●「痛み」

「痛み」という日本語につられて，pain をくり返さないように。名詞は 2 回目以降は代名詞に置き換える習慣を身につけましょう。

---

6 (1) 今や，たばこが健康に悪影響を及ぼすということは，医者だけでなく一般の人々の間でも常識となっている。しかし，ニコチン依存症の人が喫煙をやめるのは，かなり困難である。そしてまた，(2) このような人には病人としての治療が必要であるという理解は，まだ医者の間でも十分でない。

(下線部を英訳しなさい。東北大学)

> **中間文**

(1) 今や，たばこが健康に悪影響を及ぼすということは，医者だけでなく一般の人々の間でもよく知られている。

（2）医者でさえ，このような人には治療が必要であるということをまだ十分に理解していない。

キメ書き！

● **たばこ** smoking

「たばこ」はほとんどの場合，「喫煙すること」の意味で使われています。なお，「紙巻きたばこ」は cigarette（tobacco は「パイプ用の刻みたばこ」，cigar は「葉巻」）です。

● **～に悪影響を及ぼす** have a bad effect[influence] on ～

ただ，この文脈ではシンプルに「健康に悪い」でいいでしょう。

● **常識**
　common sense（分別としての常識）
　common knowledge（知識としての常識）

「常識となっている」は be well known を使うと書きやすい。

● **「病人としての」は英訳の必要なし**

treatment や medical treatment は医者が病人に対して行うものなので，「病人としての」の as patients は不要。

解答例

（1）Now it is well known not only among doctors but also among ordinary people that smoking is bad for their health.

（2）Even doctors still don't fully understand that such people need medical treatment.

文法上のチェックポイント

● **主語は人で考える**

下線部（2）を日本文のまま「～という理解」を主語に英訳すると，同格表現の問題が生じ，また，top-heavy な文になります。「～という理解は医者の間でも十分ではない」ということは，「医者でさえ～を十分に理解していない」。まずは人を主語にした中間文を考えてみることが鉄則です。

Unit3 実戦演習編

● 「まだ」

yet と still の違いに注意しましょう。not 〜 yet は「ある動作がまだ行われていない」ことを表し，still は「ある状態がまだ続いている」ことを表します。still はさらに「まだ〜していない状態が続いている」の意味で使われることがあり，not 〜 yet よりも「もう〜していてもいいのに，していない」という，強いいらだちを表します。このとき，not still 〜 という語順になる点が重要です。

7 日本語は他の言語と異なっているところが多いため，難しいと思われがちである。しかし，学び始めるのに容易な言語といわれている。その証拠に，日本に来ている多くの外国人は1年もすると日常会話を十分こなすようになる。 （天理大学）

中間文

日本語は他の言語ととても異なっているために，よく難しいと思われる。しかし，学び始めるのに容易な言語といわれている。これは，日本にいる多くの外国人が1年で日本語で会話ができるという事実によって証明される。

キメ書き！

● **とても異なっている** be very [quite] different

「異なっているところが多い」のほか，「違い［相違/差］が大きい」もすべて同じ書き方をします。

● **よく〜する** often 〜

「思われがち」が出てくると，受験生は tend to V 〜を使いたがります。しかし，「よく〜する」と表現したほうが，より口語的で自然な英語になります。

● **これは〜によって証明される** This is proved by 〜

● **会話をする**　carry on a conversation
carry on の代わりに have や hold も使えます。

解答例

Japanese is often thought to be difficult because it is very different from other languages. But it is said to be a language that is easy to begin to learn. This is proved by the fact that most foreigners staying in Japan can carry on a daily conversation in Japanese in a year.

文法上のチェックポイント

●「〜ために（理由）」
「理由」には as より because を使いましょう。as には意味がいろいろあるので，一見して意味がわかるという点では because が無難です。as は「様態」や「比例」以外では使わないように。

●「〜と思われている」
「〜といわれている」「〜と思われている」「〜らしい」を英訳するとき，とにかく，〈具体的な主語＋ be said［be thought/be believed/seem］that S V 〜〉という誤った表現をしないようにくれぐれも注意を。私の経験上，〈具体的な主語＋ be thought that S V 〜〉の間違いが最も多いです。

●「日本に来ている外国人」
「日本に来ている外国人」を foreigners who have come to Japan（6語）と書く人もいるでしょう。しかし，関係代名詞を使うと語数が増えてしまいますので，分詞や形容詞による名詞修飾を忘れないように。foreigners staying in Japan だと 4 語，foreigners in Japan だと 3 語です。

●「1 年もすると［1 年で］」
「なにかをするのに必要な期間」を表す前置詞は in です。「継続の期間」を表す for と混同している生徒が目立ちます。

Unit3 実戦演習編

8 この変化の激しい現代日本社会において，大人が子どもに伝えるべきものとは，なんなのだろうか。端的にいえば，それは，「どのような社会に放り出されても生き抜いていける力」である。

(大分大学)

中間文

この激しく変化する現代日本社会において，大人は子どもになにを教えるべきか。一言でいえば，それは，「どのような社会にいても生き抜く方法」である。

キメ書き！

● **激しく変化する** change rapidly

change にはいろいろな強調の副詞がつけられますが，日本語が「大いに［著しく，急激に］変化する」であっても，これ1つだけで対応しましょう。

解答例

What should adults teach children in Japanese society today, which is rapidly changing?　In short, it is "how to survive no matter what society they are in."

文法上のチェックポイント

● 「現代日本社会」

「現代日本社会」は1つしかありませんので，限定できません。したがって，「激しく変化する」は関係代名詞の非限定用法を用います。

● 「伝えるべきものとは，なんなのだろうか」

日本語特有のもってまわったいい方です。「なにを伝えるべきか」とストレートな日本語に変えてください。

● 「伝える」

convey/pass on/hand down などより「教える」と考えて teach。動詞は簡単なものを使いましょう。

● 「どのような社会に放り出されても」

譲歩には，though/although/even if/even though など「ある一定の事実があるにもかかわらず」と，〜ever，no matter 〜のように「だれでも，なんでも，いつでも，どこでも」と例外を認めないものに大別されます。この２つを混同しないで使い分けましょう。whatever は名詞（なんでも）にも，形容詞（どんな〜でも）にも使える点に注意。

● 「力」

「力」は「心」と並んで最も英訳しにくい単語の一つ。ここでは「教える」対象なので，「方法」と考えるのがベスト。「力」は教えられませんから。

9 岩手大学には，宮沢賢治が作品の題材にした木々が今でも残っている。彼は人間ばかりでなく，自然界におけるあらゆる動植物の生命を尊重した。私たちは岩手が生んだ賢治のことを誇りに思い，自然や環境に対する彼の精神を未来に引き継いでいかなければならない。

(岩手大学)

中間文

岩手大学には，宮沢賢治がそれについて書いた木々が今でも残っている。彼は人間ばかりでなく，自然のあらゆる動植物を尊重した。私たちは賢治が岩手に生まれたことを誇りに思い，自然や環境に対する彼の精神を未来の世代に引き継いでいかなければならない。

キメ書き！

● 〜大学　〜 University

the をつけないこと。

● 〜が今でも残っている　There still remain 〜.

これが書けると，英語ができるという印象を採点者に与えることができますよ。

● 動植物　plants and animals
日本語とは逆の「植物と動物」という語順が一般的です。

● （自然）環境　the environment
「自然環境」の意味のときは，必ず the をつけてください。「生活環境」の場合は，a [an] がつくこともあります。

● 未来の世代に引き継ぐ
hand down [pass on] ~ to future generations
人々に引き継ぐわけですから，「未来の世代に伝える」と考えます。

解答例

At Iwate University there still remain (the) trees Kenji Miyazawa wrote about. He respected not only human beings but also all the plants and animals in nature. We have to be proud that he was born in Iwate and hand down his attitudes toward nature and the environment to future generations.

文法上のチェックポイント

● 「岩手大学には」
in Iwate University なのか，at Iwate University なのか。前置詞の選択はいつでも頭の痛い問題です。国，都市，町などとくらべたときの大学の小ささを考えると，やはり at でしょう。前置詞で迷ったら，代表的な用例で考えるといいです。in school ではなく at school というので，at Iwate University だというように。

● 「岩手が生んだ賢治のことを誇りに思い」
賢治はもちろん限定できませんので，非限定用法の関係代名詞を使って be proud of Kenji, who was born in Iwate と表現するか，「賢治が岩手に生まれたことを誇りに思い」と考え，be proud that Kenji was born in Iwate と書きます。

● 「…を誇りに思い」
いまだに理由はよくわからないのですが，一般的に受験生は接続詞（節）

より，前置詞（句）を好む傾向があります。たとえば，「〜だけれども」を，though より in spite of で訳そうとするのです。おまけに in spite of S V 〜と書いて自滅します（in spite of は前置詞ですから，当然 SV は続けられません）。前置詞を使うと，意味上の主語，動名詞の完了形や受動形などいろいろな問題がからんできますので，同じ意味を表す接続詞と前置詞があるときは，接続詞を使うことをおすすめします。ここでも，be proud of his having been born in Iwate と書くのは，あまり趣味がいいとはいえません。

---

10 大地震が発生したときの鉄則は何か？　まずは，グラッときたら火の始末。(1) 大地震で火災が起こると，道路が通れなくなるので，消防車による消火は期待できない。地震の犠牲者の多くは焼死によるもので，火の始末が大きな災害を防ぐことになる。次に安全確保。地震は長くても2〜3分。(2) ガスレンジなどを消した後は，すばやく机やテーブルの下に潜って，落下物から身を守らねばならない。それから，自分の置かれた状況に応じて，最も安全な場所に移動する。屋外は決して安全でない。地震のときには屋内も安全ではないが，屋外のほうはガラスや看板，自動販売機など倒壊物・落下物の危険もある。(3) あわてて外に飛び出すと，思わぬ大けがをする可能性が高いので，冷静に行動する必要がある。

（下線部を英訳しなさい。名古屋大学）

中間文

(1) 大地震で火事が引き起こされると，道路がふさがれるので，消防車が来て，火事を消火することは期待できない。

(2) まずガスレンジを消した後，できるだけすばやく机やテーブルの下に潜って，落下物から身を守らなければならない。

(3) あわてて外に飛び出すと，思ったよりも大けがをする可能

性が高いので，冷静に行動しなさい。

> **キメ書き！**
>
> ● **大地震** a severe[strong/big] earthquake
> どれか1つを覚えてください。
>
> ● **火事** a fire
> 「火」と異なり，数えます。この問題では2件以上の火事が起こっているはずですから，fires。
>
> ● **道路がふさがれる** roads are blocked
> 「道路が障害物でふさがれている」と考えます。
>
> ● **〜から身を守る** protect oneself from 〜
> 「体」「身」は one's body ではなく，oneself で表現しましょう。body は，魂のない肉体や死体を意味することが多いからです。
> 「守る」に当たる英単語もいろいろで，defend は「攻撃から守る」，protect は「危害から守る」。guard は「警戒をする」で，「自然環境を守る」のは preserve。
>
> ● **（事故で）大けがをする** get seriously injured
> 必ず受動態で表します。wounded は武器や刃物による負傷に用います。

> **解答例**

(1) If fires are caused by a severe earthquake, you can't expect fire trucks to arrive and extinguish them because the roads will be blocked.

(2) First, you should turn off the stove, and then quickly get under a desk or a table to protect yourself from falling objects.

(3) If you rush outside, you are more likely to get seriously injured than you expect, so act calmly and carefully.

> **文法上のチェックポイント**

●「道路が通れなくなる」

「道路が通れなくなる」を「道路が使えなくなる」と考えて，The roads can't be used. と書いた人はいませんか。きっといるはずです。私の生徒は use を日本語の「使う」と同じように，広く使う傾向があります。しかし，use の目的語にできるものは，道具，場所，能力，体，表現などに限られます（make use of のほうが広い意味で使えます）。たとえば，「英語は世界で最も広く使われている」は，English is most widely used in the world. より，English is most widely spoken in the world. のほうがふつうの訳です。use に限らず，英語の動詞を広い意味で使いすぎるのは禁物です。

●「ガスレンジ」「机」「テーブル」

「ガスレンジ」「机」「テーブル」など数えられる名詞は，①a[an] ＋単数形，②the［所有格／指示形容詞（this, that など）］＋単数形，③無冠詞で複数形，④the［所有格／指示形容詞］＋複数形，のいずれかで使います。①は2つ以上あるもののどれか1つ。②は1つしかないもの。③はたくさんあるものを全部ではなく2つ以上を漠然と指す。④はその名詞全体を完全にカバーする。「ガスレンジ」はふつう台所に1台だけでしょうから，②。「机」や「テーブル」は一家に2つ以上あり，そのどれか1つに身をかくすので，①。また，「消防車」は何台も存在している消防車の数台ですから，③。「道路」は火災現場に通じる道が2本以上あり，それが全部ふさがっているので④と考えます。

●「あわてて外に飛び出す」

英語の動詞は日本語の動詞より意味が限定されていますが，その分，動詞自体に修飾語を含むものも少なくありません。たとえば，rush 自体が「急いで行く」の意味ですから，rush を使えば，「あわてて」という修飾語をつける必要はありません。英語の動詞はせまい範囲で正確に使う，これがポイント。

11

あるとき，英語学校の先生に恋をしてしまった。しかし，私の英語力には限界がある。気のきいたこと，2人の間を近づけるようなことはなに一ついえない。日本語でもいえないんだから，英語でいえるわけがない。自然，会話はとぎれがちになる。　　　（大阪教育大学）

中間文

かつて英語学校の先生に恋をした。しかし，私は英語がうまく話せなかったので，おもしろいことや，2人の間を近づけるようなことはなに一ついえなかった。日本語でもいえないのだから，もちろん英語でもいえなかった。自然，私たちの会話は何度も中断した。

キメ書き！

● (小 / 中 / 高等) 学校の先生
a teacher at (elementary/junior high/high) school

ポイントは2つ。the [my] teacher と書かないこと。学校には先生が何人もいるからです。もう1つは前置詞を of にしないこと。「学校の先生」「学校の生徒」はそれぞれ，teacher の後に teaching が，また，pupil [student] の後に studying が省略されていると考え，「学校で教えている [学んでいる] 先生 [生徒]」と表現します。

● 英語がうまく話せる [話せない]
be good[poor] at English/can[cannot] speak English fluently

「英語力」などの「〜力」は power や ability などを使わずに，できるだけ形容詞で表現します。There was a limit to my English ability. などと書くのはいただけません。「英語力がある」はほかに be fluent in English でもいいでしょう。

解答例

Once, I fell in love with a teacher at my English school. But since I was poor at English, I couldn't say anything

interesting or what would bring us closer. I couldn't say such things even in Japanese, so of course I couldn't in English. Naturally there were many pauses in our conversation.

> 文法上のチェックポイント

●「限界がある」「なに一ついえない」

日本語には時制の一致という考え方がありません。日本語はこの課題文のように,過去のことなのに「限界がある」「なに一ついえない」「いえないんだから」「いえるわけがない」「とぎれがちになる」と,まるで現在の話であるかのようないい回しをします。しかし,英語では時制の一致は,ほぼ絶対的に従わなければならないルールです。第1文からわかるように,この課題文はすべて過去のことですから,すべての動詞を過去形にしてください。もちろん,この人はいまだに英語力に限界があるかもしれないし,日本語でも英語でも気のきいたことがいえないかもしれない。しかし,この一件に発奮して,今では英語がペラペラということも考えられるのです。時制の一致の例外に「現在の習慣」と「不変の真理」がありますが,ここに後者に関しては,「地球は丸い」とか「太陽は東から昇る」といった絶対的なものにとどめ,拡大解釈しないほうが無難です。英語の時制を決定する際に,日本語に振り回されずに,現在形と過去形[過去完了形],過去形と現在完了形が混在する文を書かないように。

●「2人の間を近づけるようなこと」

「2人の間を近づけるようなこと」の動詞は would bring になります。「近づける」は,この話の時点にさかのぼれば未来のことなので,will が時制の一致を受けて would になるのです。brought と過去形にすると,「近づけた」という過去の事実になってしまいますから注意。この「過去における未来形」とでもいうべき would は,なかなかやっかいです。

●「人を近づける」

「人を近づける」は〈bring +人+ closer〉で,比較級を使います。要するに,現実の近さとくらべて,より近づけるという発想です。日本語は比較をはっきりと表さないことが多く,日本語に現れない比較にはいつも注意が必要です。同一人物や同一物の現在と過去との対比,現実と理想との対比には,比較級を使いましょう。

Unit3 実戦演習編

● 「気のきいたこと，2 人の間を近づけるようなことはなに一ついえない」

「おもしろいことや，2 人の間を近づけるようなことはなに一ついえない」のように，「A も B も〜ない」は，not A and B ではなく，not A or B を使ってください。これも標準的な受験生には難しく感じられるようです。

---

12 駅から目的地までや，電車の乗り換えなどで否応なく歩かされる都会の生活というものは，車だけに頼った田舎の生活よりも案外健康的なのかもしれない。

（大阪市立大学）

中間文

都会の生活――そこでは駅から目的地へ行くときや電車を乗り換えるとき，否応なく歩かされるが――は，田舎の生活――そこでは車だけに頼っているが――よりも案外健康によいかもしれない。

キメ書き！

● **都会［田舎］の生活**　city［country］life
どちらも無冠詞単数形で。

● **目的地**　one's destination
少しオーバーな表現で，「長旅の末にたどり着く目的地」の意味なので，すぐ近くの「行き先」の場合だったら，where one is going のほうがベターです。destination は所有格をつけて使います。

● **「〜など」は英訳の必要なし**
かなりの数の生徒が「〜など」を and so on や and so forth と律儀に書きますが，これも日本語に典型的に見られるいい回しなので，とくに訳す必要はありません。

● **案外〜**　surprisingly 〜 / unexpectedly 〜

> 解答例

City life, in which you are forced to walk when you go from a station to your destination or when you change trains, may［might］be unexpectedly better for your health than country life, where you are solely dependent on cars.

> 文法上のチェックポイント

●「都会の生活」「田舎の生活」

「都会の生活」「田舎の生活」も限定できません。先行詞が限定できるかどうかは，先行詞が1つ（1人）しかないのかどうか，いい換えれば，日本文とは反対のものが存在しているかどうか考えて判断するとよいです。たとえば，「世界で広く通用する英語」といったとき，「世界で広く通用しない英語」は存在していないので，この場合「英語」を関係代名詞で限定することはできません。同様に「駅から目的地まで行くときや，電車を乗り換えるとき否応なく歩かされない都会の生活」や，「車だけに頼らない田舎の生活」は存在していないと考え，非限定用法の関係詞か because で表現します。

●「否応なく歩かされる都会の生活」

もとの文が，You are forced to walk in city life［there］．ですから，City life, which you are forced to walk. は間違いです（country life も同様）。とにかく，関係代名詞か，それとも〈前置詞＋関係代名詞（＝関係副詞）〉かの選択は慎重に。

●「田舎の生活よりも案外健康的」

文法的に最も単純なミスをしやすいのが，比較表現。than があるのに比較級がなかったり，more better のように better や -er 型の比較級の前に more を置く間違いは致命的です。

●「～かもしれない」

推量表現には，確信の程度の差がありますが，現在では may も might も確信の度合いは，ほぼ同じです。

Unit3 実戦演習編

13 情報には不思議な力がある。あることを知っているというだけで，人を豊かな気分にさせる。知らないということに気づいたとき，人を不快にさせる。しかし，情報はお金と同じで，使うことによってはじめて真の価値を生むのだ。
(大阪府立大学)

中間文

情報は不思議な力をもっている。何かを知っているというだけで人を幸せにさせるし，知らないということに気づくと，人は不快になる。しかし，お金と同じように，情報は使うことによって，はじめて真に価値あるものになる。

キメ書き！

● 力 power

「力」はできるだけ訳さずに，形容詞で表します。ただし，どうしても書かざるをえない場合には，power が最も無難です。force は物理的な力を表し，strength や energy は身体的な力を表します。

解答例

Information has a mysterious power. To know something just makes you happy, while you become unhappy to realize you don't know something. But just like money, information doesn't truly become valuable until you make use of it.

文法上のチェックポイント

● 「情報」

information は不可算名詞の代表です。絶対に an（a は最悪）をつけたり，複数形にしないように。たいていの物質名詞や抽象名詞は不可算といっても，形容詞をつけ，種類を問題にする場合には a[an] をつけます（この問題の power もそうです）。しかし，次にあげる名詞は形容詞がついても数えてはいけません。advice, furniture, information, news, progress, baggage, proof, evidence, weather, work（「作品」の意味の場合は可算名詞）, homework, fun, speed。

● 「豊かな気分になる」

「豊かな気分になる」を feel rich とはまずいえません。修飾語の選択にはいつも悩まされますが，課題文中にヒントが隠されていることもあります。たとえば，この問題では「豊かな気分」は「不快」と対応して用いられていますので，feel unhappy[displeased] の反対で feel happy[pleased/good] と考えるのです（否定の接頭辞で間違う可能性があるので，pleased より happy がベターでしょう）。

● Ving 型と Ved 型の形容詞の使い方

感情を表す形容詞を書くとき，Ving 型（surprising, disappointing, exciting, pleasing, confusing, refreshing, boring など）と，Ved 型（surprised, disappointed, excited, pleased, confused, refreshed, bored など）の区別に注意しましょう。「人にとって〜だ」が Ving 型で，「人が〜だと感じている」が Ved 型です。また，happy や sure のように，人しか主語にできない形容詞も要注意（× It is happy[sure] that 〜 はダメです）。

● 「〜と同じ / 〜のように / 〜と同様に」

「〜と同じ / 〜のように / 〜と同様に」を書くとき，like は前置詞として，as は接続詞として使ってください。現実にはかなり適当に使われているようですが，〈like + S V 〜〉や〈as + 名詞〉はやめましょう。

● 「真の価値を生む / 真の価値が生まれる」

「〜が生まれる」に be born が使えるのは，基本的に親がいる場合に限られます。したがって，「真の価値が生まれる」は「真に価値あるものになる」と訳します。形容詞の valuable を思いつくことがポイント。

---

14 世の中で生きていくとき，他人の心がわかるか，わからないかで，大きな開きが出てくる。どのような社会で生きるにせよ，人は単独に生きるわけではない。それなら他人の心を理解することは，人生でなにより大

切なことであるはずである。

（養老孟司『時代の風，他人を理解する』より　北九州市立大学）

中間文

世の中で他人とうまくやっていこうとするとき，他人の心がわかるか，わからないかで，大きな違いが生じる。どのような社会で生きていても，人はひとりで生きていない。だから，他人の心を理解することは，人生で最も大切なことである。

キメ書き！

● **他人の心 / 人の心 / 人の気持ち**　one's feelings

「心」という日本語はいろいろな意味で使われますが，大学入試の課題文で用いられる「心」の大部分は「人の感情，気分」の意味です。feelings と必ず複数形で使いましょう。もう1つ，how one feels を覚えて，使い分けられると便利です。

● **他人の心がわかる**
　　understand[know] one's feelings[how one feels]

ここでは understand が使えますが，「〜がわかる」に understand が使えない場合が意外に多いことに注意しましょう。understand は「内容をつかむ，理解する」の意味なので，「明日の天気はわからない」のように，ただ事実がわかるかどうかという場合には使えません。その点，know は便利な言葉です。状態動詞なので，「わからない」は can't know ではなく，don't know だということに注意しさえすれば，たいてい OK です。なお，「他人の心がわかる」は「人に思いやりがある」と考え，形容詞を使って，be considerate of others ともいえます。

● **大きな違い[開き]が生じる**　make a big difference

a をつけてください。

解答例

When you try to get along with others in the world, whether you understand their feelings or not makes a big difference. No matter what kind of society you live in, you don't live by yourself. Therefore, to understand

how others feel is the most important thing in your life.

> 文法上のチェックポイント

● S と V が離れている場合

S と V が離れているとき，SV の一致，とくに 3 単現の s には細心の注意を払ってください。第 1 文の主節の S は whether ～ or not です。名詞句（to 不定詞や動名詞）や名詞節（that SV, whether SV, 関係代名詞の what (S)V, 間接疑問文）はすべて 3 人称単数扱いです。ところが近くにある名詞，たとえば，feelings に注意を奪われ，makes の s を落としてしまうのです。

● 「どのような社会で生きるにせよ」

no matter what kind of society you live in の in を書き忘れないように。what kind of society は名詞句ですから，in を落とすと，You live society. と書くのと同じ間違いになります。一方，where は副詞なので，これを使えば「どこに住んでいても」は no matter where [wherever] you live です。

● 「他人の心を理解すること」

「他人の心を理解すること」の「こと」は to 不定詞でも動名詞でもかまいませんが，どちらかといえば，「～したほうが望ましいこと」は to 不定詞がベターでしょう。

● 最上級「なにより大切な / 最も大切な」

最上級に the をつけるかどうかで迷ったことはありませんか。形容詞の最上級にはつけ，副詞の最上級にはつけないのが原則。ただし，形容詞でも後に名詞がないときにはつけません。冠詞は名詞につけられるものだからです。

---

15 隣に住むイギリス人の老夫婦は庭の手入れが大好きで，花を欠かしたことがない。質素な生活ぶりから裕福でないことは明らかだが，本当に豊かな生活とはあのようなものではないだろうか。

(津田塾大学)

Unit3 実戦演習編

中間文

隣に住むイギリス人の老夫婦はガーデニングが大好きで、庭にはいつも花がある。質素な生活ぶりから判断して、明らかに裕福ではないが、彼らは本当に豊かな生活を送っている。

キメ書き！

● **（〜の）隣に住む** live next door (to one)

「隣に住んでいる人」は one's next-door neighbor。next door は形容詞のときは、ハイフンが入り1語です。

● **質素な生活ぶり** a simple lifestyle

lifestyle は可算名詞で、life より扱いやすい名詞です。way of life もほぼ同じ意味ですが、lifestyle は1語で表現できるという利点があります。

● **〜な生活を送る** lead a 〜 life

現在では、live a 〜 life より lead a 〜 life のほうが一般的です。Unit 2 の例題7で説明したように、これらの表現は、〜（形容詞）がなければ使えませんので（× lead a life）、注意してください。

解答例

The old British couple living next door like gardening very much and always have flowers in their garden. Judging from their simple lifestyle, they are obviously not rich, but they are leading a truly rich life.

文法上のチェックポイント

● **「イギリス人の老夫婦」**

英語は語順が大切な言語です。ここで、名詞の前に2つ以上の形容詞を置くときの順番について確認しておきましょう。一般原則は、①冠詞、指示形容詞（this, that, these, those）、所有格、②序数（first, second, third …）、③数量形容詞、④性質形容詞の順です。そして、④はさらに細かく、大小、新旧、色、材料の順になります。もっとも、あまり神経質になる必要はなく、受験生が留意すべき点は次の2つです。

（1）all, both, half は③ですが、①よりも前に置くこと。「私の両親」

は my both parents ではなく，both my parents。
(2) 性質形容詞の中で，国を表すもの（Japanese, American, British, French など）は名詞の直前に置くこと。「日本の若者」は Japanese young people ではなく，young Japanese people。この問題でも，the British old couple は間違いです。

● 「生活ぶりから」
「生活ぶりから」は「生活ぶりから判断して」と考え，judging from を使います。「質素な生活のために，裕福ではない」のではありませんから，because（of）はダメです。

● 「本当に豊かな生活」
「本当に豊かな生活」を a real [true] rich life と間違える可能性があります。こう書くと real [true] は形容詞ですから，rich ではなく life を修飾し，「本物で [真実で] 豊かな生活」の意味になります。正しくは a really [truly] rich life です。

16
テレビと比べて，本はつつましやかですが，それだけに子どもにとってはわがままな対し方が可能です。気に入った本をいつでも見られるし，ページを勝手にめくることもできます。その上，大好きな人に読んでもらうという楽しみさえあります。
(京都大学)

中間文
本はテレビほど押しつけがましくない。子どもはそのためにいっそう自由に読むことができる。気に入った本をいつでも読めるし，ページを自由にめくることもできる。その上，大好きな人に読んでもらうことも楽しめる。

キメ書き！

● **ページをめくる / 本をめくる**　turn over pages

● **その上**　moreover

「その上」を表す英語表現はほかに，besides/in addition/on top of that/what is more などが考えられます。ただ，besides はマイナスの内容を追加することが多いので，あまり使わないほうがいいでしょう。

解答例

Books are less intrusive[aggressive/pushing] than television, so children can read them all the more freely. They can read their favorite books whenever they like and are free to turn over their pages. Moreover, they can enjoy having a book read by someone they love.

文法上のチェックポイント

● 「テレビ」

「テレビ」「電話」「ラジオ」などは，機械そのものではなく，その放送（通信）システムの意味で使われることが基本で，その場合，必ず無冠詞単数です。

● 「(本への) 対し方」

日本語は動詞をかなり抽象的，象徴的に使う傾向があります。一方，英語の動詞は意味がせまく限定されています。したがって，なるべく動詞は具体的なものに変えてください。たとえば，「本に対する」は，簡単にいえば「本を読む」ことですよね。「本に対する」も「本を見る」も deal with や look at などは使わずに，read です。

● 「読んでもらうという楽しみ」

同格表現である「～という」をどうさばくかは，英作文の難所の一つです。接続詞の that は慎重に使うこと，2文に分けること，コロンを使うことなどが重要ですが，日本語の品詞を変える方法も知っておくとよいでしょう。原則として，英語は名詞よりも動詞，動詞よりも形容詞で表現したほうがやさしく書けます。たとえば，「～という楽しみがある」を「～することを楽しむ」と書くのです（同格の of を用いて，have the pleasure of Ving は可能です）。「～という問い」は「～と問うこと」，「～に対する答え」は「～に答えること」というように，名詞ではなく to 不定詞（動名詞）を使うと，冠詞や同格といった危険水域を避けられます。

17 人間は今まで森林と調和を保って暮らしてきたが，今や状況は急速に変わりつつある。事実，地球上から森林が姿を消すにつれて，気候は深刻な影響を受け，飢餓人口が増えている。

(神戸大学)

中間文

人間は今まで森林と調和を保って暮らしてきたが，今ではこれが急速に変わりつつある。実際に，地球上から森林が姿を消すにつれて，気候は深刻な影響を受け，飢えている人々が増えている。

キメ書き！

● 〜と調和を保って暮らす
live in harmony with 〜 / coexist with 〜

● 気候　the climate
the をつけて使いましょう。ほぼ自動的に the がつくものとして，the weather/the country（「田舎」の意味の場合）/the sea/the air/the sky/the street を押さえておきましょう。特徴としては，「切れ目のないもの」です。

● (…に) 〜な影響を受ける
be 〜 influenced[affected] (by …)
「…に〜な影響を与える，及ぼす」のように能動の場合は，have a 〜 influence[effect/impact] on …を使います。

解答例

Human beings have lived in harmony with forests so far, but now this is rapidly changing. In fact, as more and more forests are disappearing from the earth, the climate is being seriously affected and more and more people are starving.

> **文法上のチェックポイント**

●「状況」

この「状況」は the situation とか this harmony と訳すことが可能ですが，前文を指す this を使うと便利です。

●「変わりつつある」

現在進行形は「今〜している」のほかに，現在完了形との対比で，「まだ完全にはなっていないが，なりつつある[なりそうだ]」の意味で使うこともよくあります。「今や」以下はすべて現在進行形を使います。

また，gradually/increasingly/little by little/one after another/〈比較級＋and＋比較級〉など，少しずつの変化を表す副詞は，現在[過去]進行形とともに使います。

●「〜するにつれて…」

「〜するにつれて…」は，〈the＋比較級〜, the＋比較級…〉か，接続詞の as を使って表現します。本問のように文が長いときは，as のほうが書きやすく，間違えにくいです。as は意味が多いので，「〜するように（様態）」と「〜するにつれて（比例）」以外には使わないでください。比例のときには，比較級や増減を表す動詞（increase/decrease），変化を表す動詞（change/develop/grow）とともに用います。

●「増えている」

「増えている」は，やはり人を主語に考えてみましょう。「飢餓人口が増えている」→「飢えている人々が増えている」。「飢えている」は hungry でも大丈夫です。入試英作文では，単語の意味が多少ズレても致命傷になることはありませんから。

18 A 「きみは大学では何を専攻するつもりだい」
B 「それはまだ考えていないんだ。とにかく入学試験に合格することが先決だからね。きみはどうなんだい」
A 「ぼくは言語を専攻することに決めているんだ。いつか語学の教師になりたいと思っているからね」
B 「それはおもしろそうだね。きみにとっては，きっと，いろんな言語をやるのも苦にならないだろうね」

(愛媛大学)

中間文

A「きみは大学では何を専攻するつもりだい」
B「まだ決めていないんだ。とにかくまず入学試験に合格しなければならない。きみはどうなんだい」
A「ぼくは言語を専攻することに決めているんだ。将来，語学の教師になりたいと思っているからね」
B「それはおもしろそうだね。きみはきっといろいろな言語を勉強するのに苦労しないと思う」

キメ書き！

● **大学で**　at college
college ＝単科大学，university ＝総合大学という区別は確かにありますが，一般的に大学を指すときは college を使うことが多く，たとえば「大学時代」は，one's university days ではなく，one's college days。

● **〜を専攻する**　major in 〜
major は名詞でも使い，「あなたの専攻は何ですか」は，What is your major? です。

● **入学試験**　(one's/the) entrance examinations
複数形が一般的。

> 解答例

A "What are you going to major in at college?"
B "I haven't decided yet. Anyway 'I have to pass the entrance examinations first. How about you?"
A "I've decided to major in language. I want to be a language teacher in the future."
B "That sounds interesting. I'm sure you won't have any difficulty studying different languages."

> 文法上のチェックポイント

● 会話文

いうまでもないことですが，英語にかぎかっこ（「　」）はありません。しかし，驚くべきことに，かぎかっこの中に英語を入れる生徒がよくいるのです。

●「専攻するつもり」

will と be going to の違いを確認しましょう。will は今思いついた未来の動作を，be going to はもうすでに予定されている未来の動作を表します。A は，B がもうすでに何を専攻するか決めている，つまり，この場で思いつくのではなく，予定に組み込まれている未来として尋ねるはずです。

●「まだ考えて（決めて）いない」

「まだ考えて（決めて）いない」は当然，現在完了形。具体的な事実だからです。現在形を使うと，B は習慣的に，性格として考えない（決断しない）人だという意味になります。

●「言語」

language は一般論では不可算名詞，種類をいうときは可算名詞です。culture, color も同じ扱いです。不可算名詞を数えると具体的な意味に変わると考えてください。たとえば，pleasure が「喜び，楽しさ」であるのに対して，a pleasure は「本を読むこと」「映画をみること」「テニスをすること」といった「楽しい事柄」を意味します。

● 「語学の教師」

「AのB」を正しく書くことは，同格を正しく書くこと以上に重要なテーマです。ポイントは，of をあまり使いすぎないようにすることですが，名詞のAを形容詞的に使う〈A + B〉という書き方はなかなか便利です。問題はすべての名詞が形容詞的に使えるわけではないという点ですが。「語学の教師」a language teacher，「大学の入学試験」college entrance exams など，かなり多くの名詞が形容詞的に使えます。

19 現代人は骨が弱くなったといわれる。とくに最近の子どもたちは，ちょっと転んだだけで，骨を折ってしまうことがよくあるという。それというのも，最近の日本人は食生活の伝統を忘れ，思慮もなく習慣を変えてしまったからである。私たちは，今一度，日本の伝統を見直す必要がありそうである。

（樋口清之『食物と日本人』より　信州大学）

中間文

現代の日本人は（昔より）骨が弱いといわれる。とくに最近の子どもたちは，ちょっと転んだときでさえ，骨を折ってしまうことがよくあるという。これは最近の日本人が伝統的な食生活を忘れ，よく考えずに生活習慣を変えてしまったからである。今こそ私たちは，日本の伝統をもう一度考える必要がありそうである。

キメ書き！

● **現代 [最近 / 近頃 / 今] の日本人 [若者 / 老人 / 子ども]**
   Japanese people [young people/old people/children] today

この表現は today の前の of が省略されたものです。present/current/recent などは一切使わないで，〈人 + today〉と書いてください。

● **食生活**　(one's) eating habits

英語では「食習慣」と表現します。複数形で。

Unit3 実戦演習編

● よく考えずに / 思慮もなく / 無分別に　thoughtlessly

「よく考えずに」という日本語を見ると、ほとんどの受験生が without thinking well [deeply] と書きます（well も deeply もおかしいです）が、便利な副詞、thoughtlessly があります。

● 今こそ（…が）～する必要がある［すべきときだ］
Now is the time (for ...) to V ～

now を主語にして、このように表現します。

解答例

Japanese people today are said to have weaker bones. Especially children are said to often break their bones even when they just fall down. This is because recently we Japanese have forgotten our traditional eating habits and thoughtlessly changed our lifestyles. Now seems to be the time for us to think again about our traditions.

文法上のチェックポイント

●「骨が弱くなった」

「骨が弱くなった」は「昔にくらべて骨が弱い」と考え、比較級を使います。同一の人、同一の物の現在と過去や、理想と現実をくらべているときは、日本語に現れていなくても、比較級にしましょう。

●「私たち」

英語は基本的に英米人の立場で書きます。したがって、Japanese people を代名詞にすると、we ではなく they になります。同様に、「日米関係」も、the relations between the United States and Japan で、アメリカが先にきます。もっとも、「私たち日本人」のように、日本人の意見だとはっきりしているときは、もちろん日本人の立場で書きます。

20
最近の若者は以前ほど本を読まないといわれる。しかし人気作家の作品がよく売れていることを考えると，若者が読書嫌いになったとは即断できない。若者はただ自分たちの興味をひくものにだけ熱中するのだ。

(実践女子大学)

中間文
最近の若者は以前ほど本を読まないといわれる。しかし人気作家の作品がよく売れていることを考えると，若者が読書が嫌いだとは即断できない。若者はただ自分たちの興味をひく本だけに熱中するのだ。

キメ書き！

● **Sは以前ほど〜しない**
S do 〜 less ... than S did in the past./
S do not V 〜 as[so] ... as S did in the past.

than [as] 以下は in the past だけでも OK です。

● **〜の作品**　works[books] by 〜
works の後に written が省略されているので，前置詞は by。「作品」の意味のとき，work は可算名詞です。

● **よく売れる**　sell well
受動態にしないように。

● **〜だと即断する**　jump to the conclusion that 〜
この that は同格の接続詞。

● **〜の興味をひく**　arouse one's interest

● **〜に熱中する**
①(時や場所を忘れて一時的に)熱中する：be absorbed in 〜
②(ある程度の期間)熱中している：be enthusiastic about 〜

Unit3 実戦演習編

解答例

Young people today are said to read less[fewer books] than they did in the past. But when we consider the fact that books by popular writers are selling well, we should not jump to the conclusion that they don't like reading. They are only enthusiastic about books that arouse their interest.

文法上のチェックポイント

● 「若者は以前ほど本を読まない」

「A は B ほど〜ない」は〈A not V as[so] ＋原級＋as B〉か〈A V less 〜 than B〉です。〈A not V ＋比較級＋ than B〉とはいえません。比較の基本的なミスには，くれぐれも注意してください。

● 「人気作家」「作品」

「人気作家」にも「作品」にも the はつけません。すべての人気作家のすべての作品がよく売れるわけではないからです。

● 「ただ〜にだけ…する」

only, just, even といった副詞は基本的に動詞修飾ですから，一般動詞の前か be 動詞や助動詞の後ろに置きます。副詞句や副詞節を修飾するときは，前置詞や接続詞の前に置いてください。一般的に受験生は副詞を文の後ろに置きすぎる傾向があります。

---

21 私たちは，日常生活の中で意識しているかどうかにかかわらず，さまざまな色に影響を受けている。色は私たちの心理状態や感情を作り出す大きな要因になっている。たとえば，光の当たらない暗い部屋に長時間いると気分が落ち込み健康にもよくない。　　（新潟大学）

中間文

意識しているかどうかにかかわらず，私たちは日常生活の中で，

さまざまな色に影響を受けている。色は私たちの心や感情に影響を与えるひとつの大きな要因である。たとえば，日光のない暗い部屋に長時間いると気分が落ち込み，それは私たちの健康にもよくない。

キメ書き！

● **意識しているかどうかにかかわらず**
consciously or unconsciously
Unit 1 Lesson 2 の例題 2 にあるように，whether we are conscious of ～ or not を使うときは，of ～をつけて表しましょう。

● **日常生活** one's daily life
所有格をつけ，単数形で使います。daily の代わりに everyday も使えます。everyday は形容詞だと 1 語，副詞だと every day と 2 語になる点を再確認してください。

● **健康によい [悪い]**
be good[bad] for one's[the] health
health には所有格か the をつけます。

解答例

Consciously or unconsciously, we are influenced by different colors in our daily lives. Color is a major factor which influences our feelings and emotions. For example, if we stay in a dark room with no sunshine for a long time, we will feel depressed, and it won't be good for our health.

文法上のチェックポイント

● **「色」**
色は一般論としては不可算名詞，種類が問題になるときは可算名詞。
Unit 3 問題 18 の language と同じ扱いです。

Unit3 実戦演習編

● 「(心理状態や感情を) 作り出す」

「(心理状態や感情を) 作り出す」という課題文が，中間文では「(心や感情に) 影響を与える」に変えられています。influence という語は英語の動詞としてはめずらしく，かなり広く使うことが可能です。たとえば，「入試は運が大きく左右する」「生まれついた文化が人を大きく支配する」「消費者一人一人の消費活動が企業や生産者を動かす」の下線部すべてに使えます。便利な動詞として心に留めておいてください。

● 「光の当たらない暗い部屋」

何度も指摘してきましたが，「光の当たらない暗い部屋」を a dark room which there is no sunshine と書かないようにしてください。もちろん，正しくは in which か where です。

22 本好きにするには，本の楽しさを知らせる必要があります。一方的に母親が押しつけたのでは，いやになります。まず，一緒に本屋に行って，本をさがすところから始めてみます。次に，買ってきた本は，できれば子どもが「読んでくれ」といってくるまで，子どもの目につく場所にほっておくというくらいのゆとりが，母親にほしいと思います。

(奈良女子大学)

中間文

子どもを本好きにするには，母親は子どもに本の楽しさを知らせなければならない。むりやり読ませると，子どもは読書を嫌う。母親が子どもと一緒に本屋に行って，適当な本をさがすところから始めるべきだ。それから，その本をできれば子どもが「読んでくれ」といってくるまで，子どもがそれを見ることができるところにほっておくだけの忍耐力を母親はもつべきだ。

キメ書き！

● 〜の楽しさ　how interesting S + be 動詞

Unit 2 の例題 3 で説明したように，名詞 (the joy[pleasure] of reading)

より，なるべく名詞節で書きましょう。

● 人に〜を知らせる　let one know 〜
Unit 1 Lesson 1 の例題 3 でも取り上げましたが，使役動詞の選択も悩むところです。let は「〜させてやる」の意味で，基本的に目的語の〈人〉が「〜したがっている」場合に使います。have と get は「お願いして〜してもらう」，make は主語が人のとき「むりに〜させる」。

解答例

If a mother wants her children to like books, she has to let them know how interesting reading can be. To force them to read will only make them dislike it. She should start by going to a bookstore with them to find a suitable book. Then, if possible, she should be patient enough to leave the book where they can see it and wait until they ask her to read it to them.

文法上のチェックポイント

● 「母親」
人を表すときは，基本的に複数形にします。この問題でも mothers（子どもはもちろん所有格で限定して，their children）と書きたいところですが，母親を指す they と子どもたちを指す they が何度もくり返し出てくるために，日本人が見て少し読みにくい英文になることは否定できません（もっともネイティブ・スピーカーはわりと平気で読みますが）。人を複数形で表現する理由のひとつが，代名詞に置き換えたときの性別の問題ですが，mother はその点問題がないので，単数形にします。

● 「本屋に行って，本をさがす」
「本屋に行って，本をさがす」をそのまま英語にすると，非論理的な文となります。本屋に本があるのは当たり前だからです。したがって，「本屋で適当な［よい］本をさがす」と考えなければなりません。英語の理屈っぽいところです。逆に「買ってきた本」は，ただの the book ですみます。これで，a suitable[good] book を指せるからです。

●「(本を自分に) 読んでくれ」

第4文型の基本をチェックしましょう。第4文型の英文を書くときの典型的なミスは、直接目的語に代名詞を置く間違いです。間接目的語には代名詞も使えますが、直接目的語は必ず名詞です。また、第4文型を第3文型に書き換えるとき、前置詞が to か for かを考えます。read は to です。

○ My mother read me <u>the book</u> last night.
× My mother read me <u>it</u> last night.
○ My mother read it <u>to</u> me.
× My mother read it <u>for</u> me.

●「〜する場所に」

where が接続詞として「〜するところに [ところで]」の意味で使えることを知らない受験生がいっぱいいます。in a[the] place(s) where S V 〜と書きがちですが、冠詞や単複の問題が出てきて、いたずらに長くなりますので、ぜひ接続詞の where を使ってください。

●「〜くらいのゆとり」

この問題の「〜するゆとりがある」には afford を使うことはできません。afford は「〜する金や時間の余裕がある」の意味だからです。afford は〈can (not) afford to V [名詞]〉で使います。

---

23 野球は、アメリカの国民的スポーツの一つである。多くのアメリカ人は、子どものころ、近所の野原で野球をして大きくなる。泥まみれになり、隣のだれそれさんは自分より上手になったとか、ならないとかいいながら、他人と共同生活を送っていくすべを身につけていく。あるいは他人に打ち負かされるという屈辱感を受け入れる訓練を重ねていく。　　　　(京都大学)

中間文

野球は、アメリカの国民的スポーツの一つである。多くのアメリ

カ人は，子どものころ，近くの野原で野球をして大きくなる。泥まみれになり，隣のある人が自分より上手になったとか，ならないとかいう。こうして彼らは他人とどのように共同生活を送るべきかを身につけたり，あるいは他人に打ち負かされたときに，じっとがまんできるようにくり返し訓練される。

キメ書き！

● **アメリカ人** American people/Americans
「1人のアメリカ人」であれば，an American。

● **近くの〜** nearby 〜 / 〜 nearby
名詞修飾のとき，場所的な近さは near ではなく，nearby を使います。My house is near the station. のように，near は基本的に前置詞として使います。nearby は修飾される名詞の前に置いても，後に置いてもかまいません。同様に，「遠くの〜」も far ではなく，faraway/far-off/distant などを使います。

● **他人と共同生活を送る / 人とうまく［仲良く］やっていく** get along (well) with others

● **どのように〜するべきか / 〜するすべ［技術 / テクニック］** how to V 〜
skill（熟練の技能）や technique（科学，芸術などの専門技術）などは使わないほうが安全です。the way to V [of Ving] でも OK。

● **がまんする** be patient
「屈辱感を受け入れる」は「がまんする」と考え，形容詞の patient を使います。「がまんする」の意味の動詞は，put up with/endure/bear/stand/tolerate などいろいろありますが，それぞれ意味が微妙に異なります。この中で，入試の課題文で使われる「がまんする」に比較的当てはまりやすく，口語的なのが stand です。ただし，I can't stand the noise any more. のように，can とともに否定文（もしくは疑問文）で使います。

Unit3 実戦演習編

解答例

Baseball is one of the national sports of the United States. Many Americans grow up playing baseball in fields nearby when they are children. They become muddy and say, "Some neighbor has, or hasn't, become a better player than me." In this way they learn how to get along with others, and they are repeatedly trained to be patient when defeated by others.

文法上のチェックポイント

● 「スポーツの一つ」

「〜の一つ」を表す one of に続く名詞は，限定して（すなわち the や所有格をつけて）必ず複数形にします。

● 「子どものころ」

一般論を表すには現在形を使うとわかっていても，「子どものころに／学生時代に」となると，とたんに過去形を使ってしまいます。もちろん「私〔彼／彼女〕が子どものころに」は1回だけの特定の事実ですから，過去形です（when I[he/she] was a child）。しかし，「アメリカ人が子どものころに」は特定のアメリカ人の話ではなく，アメリカ人一般の話になり，同じことが何度もくり返されているわけですから，現在形を使わなければなりません。in one's childhood や as a child[children] を使うと，このミスは避けられます。

24 子どものころに私が毎週欠かさず見たあるテレビ番組があった。その主役はどこにでもいそうな犬で，そいつがある町にふらりとやってきては，そこで起こった事件の解決に協力し，人間からほめられる前に姿を消して，また次の町に向かって旅を続けるのだ。私をとりこにしたのは，1つの場所に安住せずに，たえず動き続ける，その姿だったに違いない。　　　（京都大学）

中間文

子どものころに私は毎週あるテレビ番組を見た。その主役はありふれた犬だった。その犬はある町にふらりと立ち寄って、そこで起こった問題を人々が解決するのを助け、彼らから感謝される前に姿を消して、またほかの町に向かって旅を続けた。私はおそらくその犬が1つの場所に安住せずにたえず旅を続けたために、その犬に魅了された。

キメ書き！

● 毎週　every week

「欠かさず」は必要ありません。without fail は、基本的には命令文の強調に使います。「毎日」なら every day。

● ふらりと立ち寄る　visit / drop in

visit は必ず他動詞で使ってください。visit there は絶対にダメです。drop in を使う生徒が多いようですが、drop in は自動詞扱いなので、〈drop in at ＋場所〉、〈drop in on ＋人〉のように、もう1語前置詞が必要です。at[on] を書き忘れるミスに要注意。ただし、drop in (at/on) は「人や家や店に立ち寄る」場合に用います。この例題のように「町や国」を訪れるときには使えません。

●「姿／姿勢」は英訳しないか、意訳する。

「姿（figure/posture）」は書かないでください。この言葉は日本語では、ほぼ比喩的に使われるからです。

解答例

When I was a child, I watched a certain TV program every week. The main character was just an ordinary dog. It visited a town, and helped people solve difficult problems they had. But it disappeared before it was thanked for its help and went on to another town. I was fascinated by the dog probably because it went on traveling without settling in one place.

Unit3 実戦演習編

文法上のチェックポイント

● 「子どものころ」の時制

「私」の子ども時代の話（具体的な事実）ですから，時制はすべて過去形を使います。「続ける」という日本語に惑わされて，現在形を使わないように。

● 「事件を解決する」

「事件を解決する」を英訳する際，「事件」に event や incident をあてたとき，「解決する」にどんな動詞を使うかで困ってしまいます。動詞と名詞の組み合わせが難しいので，確実に正しいと自信がもてるものを使いましょう。「解決する」の意味の最も基本的な動詞は solve です。そして，solve の目的語として最もふつうなのは problem。ですから，solve a difficult problem と訳すのです。

● 「協力する」

くり返しますが，help の使い方に気をつけましょう。help は「人を手助けする」の意味なので，〈help ＋人＋ (to) V〉か〈help ＋人＋ with ＋名詞〉で使います。〈help ＋物事〉の形で使わないようにしてください。

● 「次の町」

「次の〜」をすべて the next で訳そうとする生徒をたくさん見てきました。日本語の「次の〜」は「ほかの〜 / 別の〜（another 〜）」の意味で使われることが少なくありません。本当に時間や順序が問題なのかどうか考えましょう。

25 「コンピュータは間違えません」という決まり文句があるが，それは要するに扱う人間の側が間違えることが多いということだ。相手が人間の場合，「あ，ここはこうするつもりが間違えたんだな」と推察してくれるかもしれないが，コンピュータはなかなかそうはいかない。コンピュータを疑う前にまず自分を疑え，とくに初心者はこれを肝に銘じておいたほうがいいだろう。

（京都大学）

中間文

「コンピュータは間違えない」とよくいわれる。これは要するにそれを使う人間が間違えることがよくあるという意味だ。人間なら「これは意図されたことではない。間違いに違いない」と推察していうことができる。しかし,コンピュータはほとんどそうはできない。コンピュータを疑う前にまず自分を疑え。とくに初心者はこれを心に留めておくべきだ。

キメ書き!

● ～とよくいわれる　It is often said that ～
There is an often-stated phrase ～ も可能です。

● (パソコンを) 使う人間
user

「パソコンを使う」は,use a personal computer です。deal with/handle/treat などを使わないようにしましょう。

● ～すべきだ/～したほうがいい　should V ～
had better V ～を使わないでください。had better は目上の人からの命令で,強制力の強い表現です。入試の課題文に使われる「～したほうがいい」はほぼすべてアドバイスですから,should が安全です。

解答例

It is often said that computers never make a mistake. This means, in short, that their users often make mistakes. People can guess and say, "Oh, this can't be what was intended. It must be a mistake." But computers can hardly do so. Suspect yourself before you suspect your computers. Beginners should especially keep this in mind.

文法上のチェックポイント

●「間違える」
mistake を「間違う」という意味の動詞で使う生徒がかなりいます。と

ころが，動詞の mistake はほぼ mistake 〜 for ... の形でしか使われません（意味は「〜を…と勘違いする」）。ですから，「間違える」は make a mistake [mistakes] か be mistaken で書いてください。

● 「疑う」

doubt と suspect を混同していませんか。両者の違いは2点。1点目は，「doubt は目的語の内容が間違っている」という疑い（〜ではないと思う）で，suspect は「目的語の内容が正しい」という疑い（〜だと思う）を表す点。

I doubt that he is a fool.

「(ばかなふりはしているが) 私は彼がばかではないと思う」

I suspect that he is a fool.

「(えらそうなことをいっているが) 私は彼がばかだと思う」

2点目は，doubt は具体的な事実に対する疑いでしか使えませんが，suspect はこの課題文のように，人や物に対する漠然とした疑い（どうもあやしい）も表せる点です。

Unit 4

テーマ別自由英作文対策

◎ 自由英作文の難しさ

　自由英作文の基本的な説明と対策については，拙著『減点されない英作文』に書きました。ここではより具体的，実戦的な対策を解説します。

　自由英作文の出題の中心は，あるテーマに関する意見や体験を書かせるものです。わずか20分程度で，100語前後の，文法的にも論理的にも破綻のない英文を書くことは，あらかじめ書くべき英文を覚えていない限り，ほぼ不可能といえましょう。受験本番でぶっつけで書いても，まず合格答案は書けません。

　とはいえ，暗記には限界があります。それでなくとも，難関大学をめざす受験生は，英語以外にいろいろな教科を勉強しなければなりません。英語の読解や文法にも時間をそそぐ必要があります。

　そこで大切なのは，暗記する単語や例文がなるべく幅広いテーマに使えるものであること。いい換えれば，汎用性の高いものであることが重要です。

　「もしあなたが総理大臣ならば」「あなたが総理大臣に会うとしたら」「あなたが総理大臣に手紙を書くとしたら」という仮定のテーマがよく出題されます。一方で，「あなたが夕食をともにしたい有名人」や「会えるとしたらどんな有名人に会いたいか」という出題も多い。この有名人を総理大臣にし，総理に対してあなたがお願いしたいことを英文で準備すればいいのです。たとえば「入試で難しい英作文を出題しないように大学に要請してほしい」とか。高齢化社会や少子化社会の対策をお願いする英文を用意しておけば，「現代日本社会が抱える問題」や「2050年に日本が直面する最大の問題」といったテーマにも対応可能です。

　まあ，アイドルよりも総理大臣に会いたいと思う受験生はいないでしょうが，みなさん，自由英作文が英語の試験であることを忘れないでください。個性も真実も必要ありません。理屈が通っていて，正しい英語を書きさえすればいいのです。

　そこで本書では，過去20年間の入試問題から，今後も出題される可能性が高い問題を7つのテーマと番外編に分類し，転用（汎用）性に重点を置き，32の例題に絞り込みました。これで8割以上の出題に対処できるはずです。

　私は自分が受験生になったつもりで対策を考えました。なるべく暗記する語

Unit4 テーマ別自由英作文対策

いや例文を少なくして,できるだけ多くのテーマに対処するにはどうしたらよいか。英語の教師としてはかなりムリもあり,乱暴であることも承知の上で,出した結論がこれです。理想とはほど遠い姿でしょうが,自由英作文の一つのstrategyとして受け止めてもらえれば幸いです。

あとは,みなさんが過去の出題例を見て,ぜひ出題予測(早い話がヤマ張り)をしてください。

自由英作文を最初から捨ててかかる受験生も少なくないと思います。これも一つのstrategyであることを否定するつもりはありません。実際,私の塾の生徒で,早稲田大学法学部の自由英作文を1行も書かずに合格したものが複数いますし,受験生のレベルを考慮すると,地方の国公立大学では自由英作文で大きく差がつくとは,正直なところ考えにくい。というか,そんな難解な自由英作文を出題すること自体が間違いだと思わざるをえない大学がゴロゴロあり,「この英作文が書けるなら,おたくの大学は受験しないだろう」と心ひそかにつぶやいてしまいます。

そもそも,大学側は受験生がそれほどたいして英語を書けないことは重々承知だと思いますよ。毎年採点するわけですから。早稲田大学政治経済学部の問題には,It is suggested that you spend no more than 15 minutes on this section. というカッコ書きがあります。親切にも問題の時間配分を教えてくれているのでしょうか? 私には,「この問題に15分以上時間を割いてもムダですよ,それほど配点も大きくないし,他の設問で点を取ったほうが合格しやすいですよ。適当にね」と,出題者がささやいているように思えます。

本音をいえば,大学側も自由英作文を出題したくはない。採点には時間がかかるし,その割には差がつかないし。昨今,英語の表現力が取りざたされているため,世間や文部科学省の手前もあってやむをえず出題している。それが偽らざるところでしょう。

とはいえ,自由英作文をはなから捨ててかかるのは,危険性の高い,逃げの戦略であることはたしかです。他の科目や英語の自由英作文以外の設問で高得点がとれる保証はありませんしね。また,逃げる受験生が多いということは,ここで高い点をとれば大きなアドバンテージになるということでもあります。

問題は にも二にも,受験生の手が届く,実効性のある自由英作文対策が立てられるかどうかです。

123

私は本書でどうにかその解答を出したつもりでいます。

◎ 自由英作文の構成

まず, 解答の書き方をシンプルに決めてしまいましょう。
テーマ別自由英作文の出題は, 以下の3つに大別されます。

① あるテーマに関してどう思うか, なにをするかといった具体的な解答を求めるもの。
〈出題例〉 What three items would you take with you if you had to go and live on an uninhabited island? (一橋大学)

② あるテーマに賛成か反対かを問うもの。
〈出題例〉 Read the statement below and write a paragraph giving at least two reasons why you agree or disagree with it.
"People would be happier if they could live forever."

(早稲田大学・政経)

③ AとBのどちらを選ぶかといった選択もの。
〈出題例〉 Do you prefer traveling in a group or traveling alone?

(電気通信大学)

中心は ① と ② です。

どの出題形式であれ, まず結論を書きます。問に対するストレートな答えです。たとえば, 以下のような書き方があります。

① I would take my favorite book and the pillow and cushion I've long used.
② I disagree with this idea. (字数をかせぐなら, I disagree with the idea that people would be happier if they could live forever.や, I don't think that people would be happier if they could live forever.)
③ I prefer traveling alone.

これらは, いわゆる topic sentence です。
次に, その理由を2つ書きます。より重要なほうを先に置きます。そして,

それぞれの理由に詳しい説明（具体例）を1つつけます。これを supporting sentences といいます。because と for example の世界ですね。たいていの大学が複数の理由と具体例を求めています。複数ですから，2つでいいわけで，3つ以上書いて墓穴を掘る必要はありません。それぞれが 15 〜 20 語，合計で 60 〜 80 語となり，語数制限はほぼクリアします。

これで終わりです。最後に結論をくり返すように指導している参考書がありますが，私はいらないと思います。たかだか 100 語程度の英文の最初と最後に同じことをくり返すのは無意味で，語数かせぎにすぎません。それは語数が全然足りない場合にとどめましょう。

まとめると，以下のとおりです。

① 結論（問いに対する答え）
② 理由［1］（最も重要なもの）
③ その詳しい説明（具体例）
④ 理由［2］（2番目に重要なもの）
⑤ その詳しい説明（具体例）

理由［1］を First(ly)，理由［2］を Second(ly) で始めてもかまいませんが，とくに必要ありません。理由［1］と［2］の間に，Moreover や In addition を置くほうが自然です。「理由を2つ述べなさい」という設問に対して，I have two reasons why 〜 . や There are two reasons for 〜 . と書く受験生はけっこういますが，まったく意味がないのでやめましょう。

では，例題について具体的に見ていきましょう。例題は，過去 20 年間の入試問題から今後も出題される可能性の高い問題を7つのテーマに分類し，32題を用意しました。

学習法としては，まず，テーマごとの〈基本的方向性〉を頭に入れます。ここが最も重要です。つぎに，例題を読み，例題ごとの〈解答の構成〉を理解します。さらに，解答を書くのに必要な表現〈使える語句・例文〉をチェックします。最後に，〈解答例〉を暗記します。

解答例は転用性を最優先し，意図的にくり返し同じ表現を使ってあります。出てくる回数が多ければ多いほど，重要な表現です。〈基本的方向性〉→〈解答の構成〉→〈使える語句・例文〉を思い出した上で，〈解答例〉を再現する

練習をしてみてください。歴史の暗記と同じで，流れを理解しないと100語の英文はなかなか覚えられません。覚えない限り，書けませんからね。

そして，各例題について，過去に同様のテーマで出題されたものがある場合は，最後に〈転用可能な出題例〉として紹介しました。それらの解答のポイントもあわせて読み，英作文のレパートリーを広げてください。

最終確認です。目標はあくまで100語程度の，ソコソコの内容の，ソコソコの英文を15分で書くことですよ。それ以上のことを望んではいけません。

テーマ 1
現代の科学技術がもたらした影響とその功罪

基本的方向性

① 科学技術の進歩はすばらしい。② たしかに短所もあるが，長所が短所にまさっている。③ 重要なことは人の使い方次第であって，賢明な利用の仕方をすればよい。この3点が基本です。とくに③は，このテーマのほぼすべての出題に適用可能な大切な考え方です。

例題1　携帯電話の功罪

次の英文を読んで，あなたの答えを10文程度の英語で書きなさい。

Mobile phones are used by many people for all kinds of purposes such as talking, sending email, and surfing the Internet. There is no doubt that they are convenient machines which have changed modern life. However, some people feel that there are some disadvantages or dangers to

それぞれの理由に詳しい説明（具体例）を1つつけます。これをsupporting sentencesといいます。becauseとfor exampleの世界ですね。たいていの大学が複数の理由と具体例を求めています。複数ですから，2つでいいわけで，3つ以上書いて墓穴を掘る必要はありません。それぞれが15～20語，合計で60～80語となり，語数制限はほぼクリアします。

これで終わりです。最後に結論をくり返すように指導している参考書がありますが，私はいらないと思います。たかだか100語程度の英文の最初と最後に同じことをくり返すのは無意味で，語数かせぎにすぎません。それは語数が全然足りない場合にとどめましょう。

まとめると，以下のとおりです。

① 結論（問いに対する答え）
② 理由［1］（最も重要なもの）
③ その詳しい説明（具体例）
④ 理由［2］（2番目に重要なもの）
⑤ その詳しい説明（具体例）

理由［1］をFirst(ly)，理由［2］をSecond(ly)で始めてもかまいませんが，とくに必要ありません。理由［1］と［2］の間に，MoreoverやIn additionを置くほうが自然です。「理由を2つ述べなさい」という設問に対して，I have two reasons why ～ . やThere are two reasons for ～ .と書く受験生はけっこういますが，まったく意味がないのでやめましょう。

では，例題について具体的に見ていきましょう。例題は，過去20年間の入試問題から今後も出題される可能性の高い問題を7つのテーマに分類し，32題を用意しました。

学習法としては，まず，テーマごとの〈基本的方向性〉を頭に入れます。ここが最も重要です。つぎに，例題を読み，例題ごとの〈解答の構成〉を理解します。さらに，解答を書くのに必要な表現〈使える語句・例文〉をチェックします。最後に，〈解答例〉を暗記します。

解答例は転用性を最優先し，意図的にくり返し同じ表現を使ってあります。出てくる回数が多ければ多いほど，重要な表現です。〈基本的方向性〉→〈解答の構成〉→〈使える語句・例文〉を思い出した上で，〈解答例〉を再現する

練習をしてみてください。歴史の暗記と同じで，流れを理解しないと100語の英文はなかなか覚えられません。覚えない限り，書けませんからね。

そして，各例題について，過去に同様のテーマで出題されたものがある場合は，最後に〈転用可能な出題例〉として紹介しました。それらの解答のポイントもあわせて読み，英作文のレパートリーを広げてください。

最終確認です。目標はあくまで100語程度の，ソコソコの内容の，ソコソコの英文を15分で書くことですよ。それ以上のことを望んではいけません。

テーマ ❶ 現代の科学技術がもたらした影響とその功罪

◎ 基本的方向性

①科学技術の進歩はすばらしい。②たしかに短所もあるが，長所が短所にまさっている。③重要なことは人の使い方次第であって，賢明な利用の仕方をすればよい。この3点が基本です。とくに③は，このテーマのほぼすべての出題に適用可能な大切な考え方です。

例題1　携帯電話の功罪

次の英文を読んで，あなたの答えを10文程度の英語で書きなさい。

Mobile phones are used by many people for all kinds of purposes such as talking, sending email, and surfing the Internet. There is no doubt that they are convenient machines which have changed modern life. However, some people feel that there are some disadvantages or dangers to

using mobile phones. Describe some negative aspects of mobile phones and give your overall opinion about these devices.

（岡山大学）

解答の構成

① 携帯電話の問題点1をあげる
スマートフォンにはいろいろな機能がついていて，携帯電話なしで生活できない，携帯中毒症状を生み出した。

② 携帯電話の問題点2をあげる
もしも携帯電話を使いながら車を運転すると，事故を起こすこともありうる。

③ 携帯電話の問題点3をあげる
小学生が偶然有害なサイトにアクセスすることもある。さらに，携帯電話の普及とともに，面と向かっての意思疎通の機会が減った。

④ 携帯電話に対する総合的な評価を述べる
しかし，携帯電話のもつ長所はその短所にまさる。携帯電話のおかげで，いつでも好きなときに人と連絡がとれるようになった事実は否定できない。生活を豊かにするものには必ず短所と危険がともなう。私たちはそれを賢明に使うべきである。重要なのは，携帯電話をどう使うかである。

使える語句・例文

● いろいろな機能がある
 have a lot of apps (apps = applications)

● 携帯電話中毒　a mobile phone addiction

● 有害なサイトにアクセスする　access a harmful site

● 携帯電話の普及　the popularization of mobile phones

● 面と向かった意思疎通の機会を減らす
 reduce the opportunities for face-to-face communication

- ●〜の長所はその短所にまさる
  The advantage of 〜 outweighs 〜 's disadvantage.

- ●好きなときに人と連絡がとれる
  can get in touch with others whenever one likes

- ●生活を豊かにするものには，必ず短所や危険がともなう
  What enriches one's life always has some disadvantages and dangers.

- ●重要なのは，〜をどう使うかである
  It is how to use 〜 that counts.

この count は「重要である」の意味。It is that は強調構文。

解答例

Smartphones have a lot of apps and have caused a lot of mobile phone addiction. Some of them cannot live without them. Drivers using mobile phones cannot pay enough attention to the traffic and it is not unusual that they cause car accidents. In addition, elementary school children can accidentally access harmful sites. Furthermore, the popularization of mobile phones has reduced the opportunities for face-to-face communication. But the advantage of mobile phones overweighs their disadvantage. We cannot deny the fact that we can get in touch with others whenever we like. What enriches our life always has some disadvantages and dangers. We should use it wisely. It is how to use mobile phones that counts. (10文)

転用可能な出題例

例題1はつぎのような出題に転用可能です。

① 「小学生にスマートフォンをもたせることについて」（富山大学）

Unit4 テーマ別自由英作文対策

② 「学生は学校に携帯をもってくるべきではない」（高知大学）
③ 「12歳以下の子どもに携帯を禁止すべきか」（旭川医科大学）
④ 「小学生が携帯電話をもつことに賛成か反対か」（鹿児島大学）

これらの出題にはすべて「もつことに賛成（③は禁止しない）」と答えます。有害なサイトにアクセスする危険性はあるが、「緊急事態に親に連絡がとれ、助けを求めることができる」(In case of emergencies, with mobile phones children can get in touch with their parents and ask for help.) ため、長所が短所にまさっている。重要なのは、使い方であり、「親や教師が子どもがどのように携帯電話を使っているかに細心の注意を払うべきだ」(Parents and teachers should pay close attention to how children use mobile phones.) と書いてください。

例題2　現代のコミュニケーション技術の功罪

以下の英文についてのあなた自身の考えを10文程度の英語で書きなさい。理由や具体例なども示すこと。

Face-to-face communication is better than other types of communication, such as letters, e-mails, telephone calls, or text-messaging. （宮崎大学）

解答の構成

① 問いに答える
重要なのはどちらが better かどうかではなく、それぞれの長所短所をよく知った上で、状況や目的に応じてうまく利用することである。それぞれの手段をどう使うかが重要だ。

② 面と向かった意思疎通の利点をあげる
誤解が少なく、より親密である。

③ 携帯電話や電子メールの利点をあげる
いつでも都合がいいときに、人とすぐに連絡がとれる。

使える語句・例文

- 重要なのは〜 the point is 〜

- 〜をうまく利用する make good use of 〜

- 状況や用途に応じて
  depending on the situation or purpose

- 面と向かった意思疎通は誤解が少ない
  Face-to-face communication causes fewer misunderstandings.

- 都合のいいときに at one's convenience

解答例

The point is not which is better but each type of communication has its own advantages and disadvantages. We should know each advantage of these types of communication and make good use of them depending on the situation or purpose. It is how to use these means of communication that counts. For example, if we have a lot of spare time and don't need to contact others quickly, we should talk to others face-to-face. This is because face-to-face communication causes fewer misunderstandings. It is also more intimate. On the other hand, when we want to get in touch with others as soon as possible, we should use mobile phones. It is the greatest advantage of e-mails that we can send and receive them at our convenience. (8文)

転用可能な出題例

例題2はつぎのような出題に転用可能です。

① 「あなたはコミュニケーションに何を使っているか」(福岡教育大学)

Unit4 テーマ別自由英作文対策

② 「電子メールか手紙か」（慶應義塾大学・医）
③ 「あなたは携帯電話をなにに利用しているか」（秋田県立大学）
④ 「SNS（Social Networking Sites）の長所短所」（名古屋市立大学）

これらの出題には，それぞれのコミュニケーション手段の長所を知り，状況や目的に応じて使い分けることが重要であるという点を中心に書きます。④はやはり長所が短所にまさり，要はどう使うかであるという結論で押しましょう。

⑤ 「携帯電話が人間関係に与える影響について」（弘前大学）

携帯電話と人間関係という出題の場合は，「携帯電話は人間関係にプラスの影響を与える。これはより簡単に人と連絡できるようになったためである。携帯電話は人と人とのつながりを弱くすると懸念する人もいるが，携帯電話とともに，面と向かった意思疎通や手紙を使えば問題はない。それぞれのコミュニケーション手段の長所を知り，状況や目的に応じて使い分けることが重要である。現代が携帯電話やインターネットの時代であるからこそ，面と向かった意思疎通や手紙がそれだけ必要とされていることも忘れてはならない」(Mobile phones have a positive effect on human relationships. This is because they have enabled us to keep in touch with others more easily. Some people are worried that they weaken our connection with others. We should not forget the fact that face-to-face communication and letter writing are all the more necessary because this is the age of mobile phones and the Internet.) という方向性で書きます。

(注) 大学によって，携帯電話が mobile phone だったり，cell phone だったり，cellphone だったりします。解答は設問で使われている単語に合わせてください。

例題3　インターネットによる情報入手

現在ではインターネットでさまざまな情報を簡単に手に入れることができます。これはよいことでしょうか，悪いことでしょうか，あるいはその両方でしょうか。自分の意見を130語程度の英語で述べなさい。

（静岡大学）

解答の構成

① 問いに答える

インターネットを使った情報入手はよいことであり，大いに利用すべきだ。他の情報入手手段に対して，インターネット情報検索がもつ利点は明らかだからである。

② インターネットの情報検索の欠点と読書の重要性を指摘する

インターネットによる情報検索は想像力や思考力や読解力をあまり必要としないため，これを補うために同時に読書による情報入手が重要となる。インターネットの出現により，読書が不要になったり，読書の重要性が低下するわけではない。現代はインターネットの時代だからこそ，読書がいっそう大切なのだ。

使える語句・例文

● **インターネットで情報を得る**
　get information by using the Internet

● **インターネット**　the Internet
the をつけて大文字で。

● **〜の…に対する利点**　the advantage of 〜 over …

● **インターネット上で〜の情報をさがす**
　search for 〜 on the Internet

● **〜することによって…を補う**
　make up for … by Ving 〜

Unit4 テーマ別自由英作文対策

● インターネットの出現 the advent of the Internet

● A は〜のためにそれだけいっそう…だ
  A is all the 比較級 because 〜.

● 現代は〜の時代である This is the age of 〜.

解答例

It is certainly good to get information by using the Internet, and we should make as much use of it as possible. The advantage of the Internet over other means of obtaining information is quite obvious. For example, we can always search for anything we want to know on the Internet wherever we are. In addition, the Internet gives us information much faster and more easily than any other means. However, getting information from the Internet doesn't require thinking, imagination, or the ability to read. So we should make up for this by getting information through books at the same time. It is a big mistake to think that with the advent of the Internet, reading has become unnecessary. Reading is all the more necessary because this is the age of the Internet. (133語)

転用可能な出題例

例題3はつぎのような出題に転用可能です。

① 「現代の若者の活字離れについて」 (旭川医科大学)

情報源として, 今の若者は本よりもインターネットを好むのは事実であり, 「残念ながら, 活字離れが進んでいる」(Unfortunately, young people today are reading fewer books.)。結論は同じで, 現代はインターネットの時代だからこそ, 読書がいっそう重要であると結びます。

② 「本から学ぶことと, 経験から学ぶこととではどちらがまさっているか」 (長崎大学)

「私たちは経験よりも読書からはるかに多くのことを学ぶことができる。読書はいわば他人の経験から学ぶことを意味する。間接的であるため，経験から学ぶことに劣るという人もいるが，それは想像力で補うことが可能である」(We can learn much more from reading than experience. Reading means learning from the experience of others. Some people insist that learning from books is inferior to learning from experience because it is indirect. It is possible to make up for this by exercising our imagination.)。これも現代がインターネットの時代だからこそ，読書から得られる知識はいっそう重要であるとの結論へもっていきます。

例題4　現代の科学技術は人を幸せにしたか？

下記の意見に対して，賛成か，反対か，あなたの立場を明らかにし，その理由とともに100語以内の英語で書きなさい。総語数を最後の（　）に書き入れなさい。ただし，句読点は語数に含まれません。

"The development of information technology has made our lives better."
(高知大学)

解答の構成

① 問いに答える
賛成。

② 理由と具体例をあげる
情報工学の進歩は私たちの生活を大いに豊かにした。たとえば，インターネットの普及により，かつてないほど簡単に速く情報が入手できるようになり，情報の同時共有やグローバル化も実現した。

③ 情報工学の弊害と対策にふれる
インターネットの普及によって，読書離れが進んでいることは事実だ。情報工学に限らず，進歩には必ず弊害がともなうが，重要なのはどう使うかである。

Unit4 テーマ別自由英作文対策

使える語句・例文

● ~の生活を豊かにする　enrich one's life

● インターネットの普及
　the popularization of the Internet

● 情報のグローバル化を促す
　promote the globalization of information

● 読書離れ　read less / read fewer books

● ~には…が必然的にともなう　~ always entail ...

解答例

I agree with this opinion. No one can deny the development of information technology has greatly enriched our lives. For example, thanks to the popularization of the Internet now we can get information much faster and more easily than ever. People all over the world can also share information at the same time. In this way, the development of information technology has promoted the globalization of information. Indeed, people are reading less because of the Internet, but progress always entails bad effects. It is how to use information technology that counts. (91語)

転用可能な出題例

例題4はつぎのような出題に転用可能です。

① 「科学技術は人を賢くするか」（一橋大学）

② 「人類は地球を住みやすい場所にしたか」（長崎大学）

どちらも Yes と答えます。科学技術には短所もあるが，全般的に見て (by and large)，長所が短所にまさっており，科学技術は人間の生活を便利に豊かにしたと結論づけます。

③ 「現代の機器が人々の生活をどう変えたか」（新潟大学）

これも肯定的に答えます。情報工学の進歩が現代人の生活に与えた肯定的な影響を書きましょう。

④ 「宇宙探索に意味はあるか」（早稲田大学・政経，一橋大学，電気通信大学）

十分に意味があると答えます。金のむだ（a waste of money）であり，「再生可能なエネルギー源の開発といったほかにもっと意味のある金の使い道があると主張する人もいるが，宇宙探索はいろいろな科学技術の発達をもたらした」(Some people insist that there are a lot of better ways to spend money than on space exploration, such as the development of renewable energy resources. Space exploration has led to the development of many technologies)。後は，科学技術の進歩のすばらしさを続けます。

例題5　現代人の生活は豊かになったか？

These days there are so many convenience stores（コンビニ）everywhere. Many people like to use them, but others don't like them. What are the good or bad points about them? Write your opinion in English.

（解答欄のスペースから最大120語程度　福井大学）

解答の構成

① **コンビニの長所をあげる**

コンビニは私たちの生活を大いに便利にした。

② **①の具体的な内容を述べる**

一日中開いていて，いつでも日常の必需品を買うことができる。ATMがあり，お金を下ろすこともできる。遠くのスーパーマーケットに行く必要がない。

③ **コンビニの短所をあげる**

深夜，青少年のたまり場となり，非行の温床となりうる。

④ 結論を述べる
生活を豊かにするものには必ず弊害がともなうが，重要なのはコンビニをどう使うかである。

使える語句・例文

● 一日中，24時間　around the clock

● 日常の必需品　daily necessities

● お金を下ろす　withdraw money

● 現金自動支払機，ATM　an ATM machine

● 青少年の非行の温床　a hotbed of juvenile delinquency

● 〜の生活を豊かにする　enrich one's life

解答例

The greatest contribution of convenience stores is that they have made our lives much more convenient. Most of them are open around the clock, so we can buy daily necessities any time of the day. We can also withdraw money, because they have ATM machines. We don't have to go to distant stores or supermarkets. On the other hand, one of their bad points is that they can be hotbeds of juvenile delinquency. We sometimes see young people sitting and smoking outside convenience stores late at night. But I think their good points outweigh their bad points. What enriches our lives always entails some bad points. It is how to use convenience stores that counts.
（115語）

転用可能な出題例

例題5はつぎのような出題に転用可能です。

① 「今と100年前のどちらに住みたいか」（京都工芸繊維大学）
今を選びます。現代生活の便利のよさを強調し，その具体例として，コンビニをあげます。

② 「都会生活と田舎生活のどちらを選ぶか」（茨城大学）
都会生活を選びます。

③ 「田舎の一軒家と都会のアパートのどちらに住みたいか」（宮城教育大学）
都会のアパートを選びます。②も③も，生活を便利に豊かにするものがそろっているという理由です。その代表例としてやはりコンビニをあげます。

テーマ ② 世界平和とグローバル化

◎ 基本的方向性

　異文化間の理解を深め，偏見や差別をなくすことが平和な世界を築く上で不可欠なことだ，という考えを軸にします。そのためにはまず世界で最も広く使われている英語の学習が必要であり，つぎに英語以外の外国語の学習が求められ，1人でも多くの人間が multilingual になり，internationally-minded になることこそ，未来世界が平和であるためのカギだという主張につなげます。

例題6　戦争を防ぐために必要なこと

戦争を防ぐためにはなにが必要か。あなたの具体的なアイディアを2つあげ，80語程度の英語で書け。最初の文は与えてあるが，語数には含まない。

I have two ideas about preventing war.

（秋田大学）

Unit4 テーマ別自由英作文対策

解答の構成

① 1つめのアイディア（外国語教育）を答える
② ①の理由を述べる

戦争は国家や民族間の対立から引き起こされる。そして，対立は誤解や偏見から生じる場合が多い。したがって，戦争を防ぐには，相互理解と異文化コミュニケーションが不可欠であり，外国語教育はその第一歩である。

③ 2つめのアイディア（核兵器の廃絶）を答える
④ ③の理由を述べる

日本は唯一の被爆国であり，日本国憲法第9条は永久に戦争を放棄することをうたっているからだ。

使える語句・例文

● 外国語教育　foreign language teaching

● 国家や民族間の対立
　conflicts between nations and peoples

● 対立は誤解や偏見から生じる
　Conflicts are caused by misunderstanding and prejudices.

● 相互理解　mutual understanding

● 異文化コミュニケーション
　intercultural communication

● 核兵器を廃絶する　abolish nuclear weapons

● 唯一の被爆国　the only atomic bomb victim

● 日本国憲法第9条
　Article 9 of the Japanese Constitution

● 永久に戦争を放棄する　renounce war forever

> **解答例**
>
> One is foreign language teaching. War is often caused by conflicts between nations and peoples that have different languages and cultures. And they are caused by misunderstanding and prejudices. So to prevent war, mutual understanding and good intercultural communication are indispensable. To learn another language is the first step to this. The other is to abolish nuclear weapons. Japan should play a leading role in this, because it is the only atomic bomb victim and Article 9 of the Japanese Constitution says it has renounced war forever. (87語)

例題7　異文化コミュニケーション

異なる文化的背景，言語，考え方，外見などをもつ人々が同じ地域でともに暮らしていくためには，どのようなことが大切だと思いますか。この問題は，教育，メディア，NPO活動，法律，経済など，さまざまな分野にかかわりますが，あなたの具体的なアイディアを2つ，80語程度の英語で書きなさい。

(秋田大学)

解答の構成

① **1つめのアイディアを答える**
できる限り早い段階で外国語教育を行うこと。

② **①の理由を述べる**
外国人を理解し，異文化コミュニケーションを促進するためには外国語の理解が不可欠であり，年をとればとるほど，外国語の習得が難しくなるから。

③ **2つめのアイディアを答える**
子どもに，いろいろなメディアをとおして異文化に関する正しい情報を提供すること。

④ ③の理由を述べる

若ければ若いほど，異なった言語や文化背景をもつ人に対する偏見や差別をもちにくいから。

使える語句・例文

● 人生の早い段階で　at the early stage of life

● 異文化コミュニケーションを促進する
　promote intercultural communication

● ～に対する偏見がない
　be free from prejudices against ～

● 異なった言語や文化背景をもつ人
　people with different languages and cultural backgrounds

解答例

Foreign languages should be taught at the early stage of life to understand foreigners and promote intercultural communication. This is because the older we grow, the more difficult it is to learn foreign languages. It is also necessary to provide young children with correct information about foreign countries and cultures through various media, because the younger we are, the easier it is to be free from prejudices against people with different languages and cultural backgrounds. (75語)

転用可能な出題例

例題7はつぎのような出題に転用可能です。

① 「グローバル化は世界にとってよいことか」 (九州大学)

グローバル化は人々の生活を便利に豊かにするから，よいことであると答えます。ただし，文化の画一化をもたらす (lead to the uniformity of various cultures) 危険性があるので，同時に異文化理解を促進することも重要であるという指摘を忘れずに。

②「オリンピックの功罪」(鹿児島大学，一橋大学)

オリンピックは国家主義 (nationalism) や過度な愛国心 (patriotism) を助長するという意見もありますが，文化交流 (cultural exchange)，異文化コミュニケーション，国際親善 (international friendship) の促進といったプラス面を強調します。やはり，長所が短所にまさるという結論でまとめます。

例題8　外国語教育

Write 120 to 150 words of English on the opinion below. Foreign language education in Japan should not simply promote English but encourage students to be fluent in more than one foreign language. Explain why you agree with this opinion.

(一橋大学)

解答の構成

① 理由1を述べる

世界情勢を理解するには，まず世界で最も広く使われている英語を学ぶ必要があるが，それだけでは足りない。たとえば，アメリカとイスラム世界の関係を理解するためには，英語だけでなく，アラビア語を知る必要がある。

② 理由2を述べる

異文化コミュニケーションの促進，ひいては世界平和実現のために，1人でも多くの人間が3カ国語以上を使い，国際的視野をもつようになることが望ましい。

③ 英語以外に学ぶべき言語にふれる

アラビア語や，ラテン諸国を理解するためのスペイン語，最大のネイティブ・スピーカーをもつ中国語などを学習することは大いに意味がある。外国語学習の意義は人種的，民族的，宗教的偏見をもたない国際人（コスモポリタン）を育てることであり，それが世界平和へのカギとなる。

使える語句・例文

● 世界情勢　world affairs

● 世界で最も広く使われている英語
English, which is most widely spoken in the world

関係代名詞は必ず非限定用法で用います。

● アラビア語　Arabic

● 3カ国語以上を使う　multilingual

● 国際的な視野をもった　internationally-minded

● 最大のネイティブ・スピーカーをもつ中国語
Chinese, which has the largest number of native speakers

これも非限定用法です。

● 人種的，民族的，宗教的偏見をもたない国際人
a cosmopolitan without racial, ethnic, and religious prejudices

● 〜のカギ　the key to 〜

解答例

To understand world affairs, you should first learn English, which is most widely spoken in the world. However, this is not enough. For example, you should also learn Arabic to fully understand the United States and Islamic relations. It is advisable that a lot of people become multilingual and internationally-minded to promote intercultural communication and the realization of world peace. It is also significant to learn Spanish, which is growing fastest, and Chinese, which has the largest number of native speakers. The most important purpose of foreign language teaching is to raise cosmopolitans without racial, ethnic, and religious prejudices, as well as to promote mutual understanding of people with different languages and cultural backgrounds and good intercultural communication. This is the key to the creation of a world without war. (130語)

転用可能な出題例

例題8はつぎのような出題に転用可能です。

① 「幼年期の外国語学習の是非」(一橋大学)

肯定します。将来的に multilingual になるために，なるべく早い段階で英語を学ぶことの重要性を強調しましょう。

② 「外国語を学ぶ意義」(愛知教育大学，福岡教育大学)

人種的，民族的，宗教的偏見をもたない cosmopolitan になることと書いてください。

③ 「大学での学習の意味。教育の意義と主目的」(岡山大学，一橋大学)

人種的，民族的，宗教的偏見をもたない cosmopolitan を1人でも多く生み出すことと答えましょう。

④ 「大学時代に手に入れたいもの」(愛知県立大学)

⑤ 「大学で身につけたいこと」(一橋大学)

④も⑤も2カ国語以上の外国語，異文化コミュニケーションの技術 (skills in intercultural communication) と国際的な精神 (international-mindedness) を身につけることにします。

⑥ 「自分の10年 (20年) 後の姿を想像する」(香川大学，島根大学，一橋大学)

国際的な視野をもち，民族的，宗教的偏見をもたない国際人 (cosmopolitan) になっていると答えます。

⑦ 「会社の公用語を英語にすべきか」(静岡大学，茨城大学)

肯定します。理由は会社が世界的規模で成功する (succeed globally) ためには，世界共通語であり，異文化理解の基礎 (the basis of intercultural understanding) となる英語が重要だからです。

⑧ 「すべての高校生が英語を学ぶべきか」（高知大学）

肯定します。将来的に multilingual な cosmopolitan になるための第一歩として (the first step toward Ving 〜) 不可欠である (essential) という理由からです。

⑨ 「好きな科目」（宮崎大学）

英語と答えます。理由は⑧と同じです。

⑩ 「将来つきたい仕事」（秋田県立大学）

国連の職員 (the staff of the United Nations) と答えます。理由は異文化理解を深め，戦争のない世界をつくる手助けがしたいからです。

テーマ ❸ 環境問題

◎ 基本的方向性

　人類はいろいろな環境問題を抱えていますが，地球の温暖化と天然資源，とくに化石燃料の枯渇が最大の問題であり，そこに原子力エネルギーの問題がからみます。エネルギーをむだ使いせず，再生可能なエネルギー源を最大に利用して，環境保護に努めるべきだという趣旨で押します。地球にやさしい生活という点で，健康維持に関する問題に転用可能です。

例題9　原子力エネルギーからの脱却

Because of the trouble at the nuclear power plant in Fukushima Prefecture, many people are saying that Japan should no longer rely on nuclear energy. But can Japan really afford to close down its nuclear reactors? Will it not face a shortage of electricity, with possibly enormous consequences to its industry? What do you think? State your opinion in about 100 English words.　　　　(弘前大学)

解答の構成

① 問いに答える

日本は原子力なしでやっていける。原子力発電所の危険性を痛感した。

② ①を可能にする方法について，自分の意見を述べる

(1) 代替エネルギーを開発し，それに対する依存を高める。
(2) 代替エネルギーは安定的供給に関しては問題があるため，同時に化石燃料の効率的な利用法を開発する。
(3) 国民一人一人ができる限り節電に取り組む。

使える語句・例文

● 原子力なしでやっていく　do without nuclear energy

● 〜を痛感する　keenly realize 〜

● …を〜に依存する　depend on 〜 for ...

● 化石燃料に替わるエネルギー源
　alternative energy resources to fossil fuels

● 再生可能なエネルギー源　renewable energy resources

● 安定的供給に関しては
　as far as a stable supply is concerned

● 電気をできるだけ節約する
　save as much electricity as possible

解答例

I think Japan can afford to close down its nuclear reactors and will be able to do without nuclear energy. We have keenly realized the danger of nuclear power plants. We shouldn't depend on nuclear energy for alternative energy resources to fossil fuels. Therefore, we have to develop renewable energy resources, such as solar energy and wind power, and depend more on them. But as far as a stable supply is concerned, they are disadvantageous. So at the same time we have to develop efficient ways to use fossil fuels. In addition, each one of us has to save as much electricity as possible at home.
（106語）

例題10　環境保護のためにできること

Write 120 to 150 words of English on the opinion below.
What ecological contributions can you make to society?

（一橋大学）

解答の構成

① 1つめの貢献を述べる
電気をなるべく節約するようがんばっている。

② ①の具体例をあげる
不要な照明を小まめに消し，エアコンをなるべく使わない。

③ 2つめの貢献とその理由を述べる
自分専用のはしをもち歩き，割りばしを使わないようにしている。割りばしが熱帯雨林伐採の理由の一つだから。

④ 3つめの貢献とその理由を述べる
公共の輸送機関を使ったり，自転車に乗ったり，歩いたりするようにしている。車の排気ガスが地球温暖化の理由の一つだから。

使える語句・例文

- 〜するように一生懸命がんばる　try hard to V 〜
- 不要な照明を消す　turn off the unnecessary lights
- エアコンを使わずにすます
  do without air conditioners
- 部屋を温めすぎたり，冷やしすぎたりしないように注意する
  be careful not to overheat or overcool the room
- 自分のはしをもち歩く　carry one's own chopsticks
- 割りばし　throwaway chopsticks
- 熱帯雨林の伐採
  the deforestation of tropical rain forests
- 公共輸送機関　public transportation
- 車の排気ガスは二酸化炭素を空中に放出し，温室効果を引き起こす
  Automobile exhaust releases carbon dioxide into the air, which causes the greenhouse effect.

解答例

Firstly, I try hard to save as much electricity as possible in my daily life. For example, I always turn off the unnecessary lights in the house, and try to do without air conditioners. Even when I use the air conditioner in my room, I am careful not to overheat or overcool the room. This will help prevent further global warming. Secondly, I always carry my own chopsticks so that I won't need throwaway chopsticks when I buy some food at convenience stores, because they are one of the causes of the deforestation of tropical rain forests. In addition,

I try to use public transportation as often as possible, and ride a bicycle or even walk if possible, because automobile exhaust releases carbon dioxide into the air, which causes the greenhouse effect. (132語)

転用可能な出題例

例題9と10はつぎのような出題に転用可能です。

① 「再生可能なエネルギー源は必要か」（琉球大学）

② 「最も心配な環境問題」（宮城教育大学）

③ 「家庭での電力の節約法」（秋田県立大学, 福島大学）

④ 「身近な地球温暖化防止策」（弘前大学）

②は地球の温暖化と答えてください。①〜④すべてに, 例題9と例題10をほぼそのまま転用できます。

例題11　健康維持のために心がけていること

健康であるために, あなたはどのようなことをしているか, あるいはしたいと思うか。具体的に2つあげて, 90語程度の英語で書け。　　　　　　　　　　　　　　（広島大学）

解答の構成

① 1つめの具体例をあげる

健康を維持するために, 私は定期的に適度な運動をしている。それには歩くことが最も簡単で, 道具もいらない。歩いて行けない場所にも, 車にはできるだけ乗らず, 自転車を使う。

② 2つめの具体例をあげる

体を冷やさないように注意している。暑くても, なるべくエアコンは使わないようにしており, どんなに暑くても, 部屋のエアコンの温度をあまり低くしないように心がけている。体を冷やすことは病気の大きな原因だからだ。

> 使える語句・例文

- 健康を維持する　stay healthy / keep fit

- 定期的に運動をする　take[do] regular exercise

- 適度な運動をする　take[do] moderate exercise

- 歩くのには道具がいらない
  Walking doesn't need any goods.

> 解答例

To keep fit, I take regular and moderate exercise. Walking is the simplest exercise and what is more it doesn't need any goods. I try hard to walk to nearby places, and I ride a bicycle to places where it takes too much time to walk. I also try hard not to overcool my room with the air conditioner however hot it is. This is because overcooling your body is one of the biggest causes of diseases. I think this lifestyle is good not only for me but also for the environment. （92語）

テーマ ④ 現代日本の諸問題

◎ 基本的方向性

　現代の日本が抱える最大の問題は，やはり社会の高齢化です。そして，高齢化対策として最も重要なのは，老人介護です。ですから，退職年齢の引き上げによる高齢者の継続的社会参加に触れた上で，若者による老人介護の重要性を

Unit4 テーマ別自由英作文対策

中心テーマにします。また，食の問題については，栄養バランスのとれた家庭料理を肯定し，コンビニエンスストアやファストフードレストランの食べ物を否定する方向で書きます。健康維持（例題11）に関する問題に転用できます。

例題12　成人年齢を18歳に引き下げるべきか

ヨーロッパの多くの国や中国など，世界の7割以上の国が18歳を成人年齢としています。しかし，日本では成人年齢は20歳です。(中略)
日本で18歳を成人とすべきであるという主張について，あなたは賛成ですか，あるいは反対ですか。賛否を明確にして，理由とともに，自分の意見を60語から80語までの英語で述べなさい。

(名古屋工業大学)

解答の構成

① 問いに答える
賛成。

② 理由1を述べる
選挙権年齢が18歳に引き下げられたことにともない，成人年齢も引き下げるべきである。というのも，選挙権が成人の最大の権利であるから。

③ 理由2を述べる
世界のほとんどの国において，成人年齢は18歳である。

④ 理由3を述べる
今の若者の未成熟さを懸念する声もあるが，責任が生じることによって，成熟を促すことも期待できる。

使える語句・例文

● **〜という意見に賛成である**
agree with the opinion that 〜

● **成人年齢**　the legal age of adulthood

- 選挙権年齢が 20 歳から 18 歳に引き下げられた
  The voting age has been lowered from 20 to 18.

- 選挙権　the right to vote

- 大人であることの最大の特権
  the biggest privilege of adulthood

- 今の日本の若者は精神的に未熟だ
  Young Japanese today are psychologically immature.

- 大人の責任を引き受ける
  take on responsibilities of adults

解答例

I agree with the opinion that the legal age of adulthood in Japan should be 18. It is quite natural that it should be because the voting age has been lowered from 20 to 18, and the right to vote is the biggest privilege of adulthood. In most countries, the legal age of adulthood is 18. Some people are worried that young Japanese today are psychologically immature, but to take on the responsibilities of adults can encourage them to mature.
(80語)

例題13　総理大臣と会えるとしたら，どんな話がしたいか

Write an essay of approximately 100 words in English in answer to the following question: If you were given the opportunity to spend an evening with the current Japanese prime minister, what topics would you choose to discuss, and why?

（神戸市外国語大学）

Unit4 テーマ別自由英作文対策

> 解答の構成

① 問いに答える
高齢社会について話し合いたい。

② 理由1を述べる
高齢社会は日本が直面する最大の問題である。

③ 理由2を述べる
高齢社会の最大の問題は老人介護であり，老人介護の最大の問題は人手不足であるので，できる限り多くの若者が老人介護にたずさわる必要がある。そのための社会環境を整備することをお願いしたい。たとえば，老人ホームでボランティア活動をした学生に，大学が単位を与える制度。

> 使える語句・例文

● (仮定の話で) 〜したい would like to V 〜
want to V 〜を使わないように。

● 高齢社会 aging society
国連の基準によれば，日本はすでに super aged society (超高齢社会) ですが，aging society でキメ書きしてください。

● 今日本が直面する最大の問題
the biggest problem facing Japan now

● 社会の高齢化 aging of society

● 人手不足 shortage of hands / help

● 老人ホーム a nursing home

● 〜を介護する take care of 〜 / nurse 〜

● 〜に従事する be engaged in 〜

● 〜に単位を与える give a credit to 〜

● ボランティア活動をする
do voluntary work / take part in volunteer activities

解答例

I would like to discuss with him the problem of aging society. The biggest problem facing Japan now is aging of society. And the most serious problem in aging society is shortage of hands[help] in nursing homes. To help solve this problem, it is necessary for as many young people as possible to be engaged in taking care of elderly people. So I would like to urge him to establish a social system which will enable young people to be engaged in it. For example, to give some credits to college students who do voluntary work in nursing homes. (99語)

転用可能な出題例

例題13はつぎのような出題に転用可能です。

① 「有名人と会えるとしたら，だれに会いたいか」（弘前大学）
② 「学校に有名人を呼んで講演してもらうとしたら，だれを呼ぶか」（福岡教育大学）
③ 「有名人と１時間過ごせるとしたら，だれと過ごすか」（北九州市立大学）

①～③のすべてで相手は総理大臣にします。②の講演内容は社会の高齢化対策です。

④ 「総理大臣に手紙を書くとしたら，なにをお願いしたいか」（福井県立大学）
⑤ 「総理大臣になったらなにをするか」（一橋大学）

④も⑤も社会の高齢化対策です。

Unit4 テーマ別自由英作文対策

例題14　高齢化と少子化

これからの社会は，どのような問題あるいは困難に直面することになると思いますか。それにどのように対処すべきかについて，あなたの考えを70語程度の英語で述べなさい。
　　　　　　　　　　　　　　　　　　　　　　　（大阪大学）

解答の構成

① 問いに答える
今後ますます社会の少子化と高齢化が進むことが予想される。

② 対策1を述べる
退職年齢を70歳に引き上げ，公的年金を支え，若者の負担を減らす。

③ 対策2を述べる
若者ができる限り老人介護にたずさわる。その方策の一つとして，老人ホームでボランティア活動をした学生に，大学が単位を与える。

使える語句・例文

● 日本社会の高齢化が進むだろう
　Japanese society will continue to age.

● 日本の少子化が進むだろう
　Japan's birth rate will continue to decline.

● 退職年齢を70歳に引き上げるべきだ
　Retirement age should be raised to 70.

● 公的年金制度を支える
　support the public pension plan

解答例

It is expected that Japanese society will continue to age and its birth rate will continue to decline. I think retirement age should be raised to 70, because this will help support the public pension plan and ease the burden of young people. Also, more and more young people should be engaged in nursing elderly people. To make this possible, Japanese universities should give some credits to students who do voluntary work in nursing homes. (75語)

転用可能な出題例

例題14はつぎのような出題に転用可能です。

① 「退職年齢を引き上げるべきか」（京都府立医科大学）

高齢化対策の一つとして賛成します。

② 「あなたが生きている間に世界はどう変わるか」（静岡県立大学）

ますます高齢化，少子化が進むと答えてください。

③ 「少子高齢化対策として移民を受け入れるべきか」（琉球大学）

賛成します。異文化理解の促進にもなり，社会が活性化するからです。

例題15　現代日本人の食

What opinion would you contribute after reading the following article in a newspaper?
It is said, "Many people in developed countries eat food from convenience stores and fast food restaurants every day." While a large number of people enjoy eating these foods, there are some people who fear that traditional foods will be completely replaced in the future by food that is convenient.
In 120 to 150 words, clearly state your own opinion about this issue in English.

（名古屋市立大学）

Unit4 テーマ別自由英作文対策

解答の構成

① 問いに答える
私も伝統的な料理が手間ひまのかからない料理に取って代わられると心配している。

② ①の理由を述べる
多くの人が，インスタントな食事には人工的な材料や添加物や保存料が含まれていて体によくないとわかっているのに，ただ便利だという理由でそういった食事をとっている。忙しすぎて，料理を作る時間がないからだ。

③ 食生活の重要性について述べる
「食は人なり」ということばがあるように，食習慣は人に大きな影響を与える。だから，なるべく時間をかけて料理した，バランスのとれた食事をすべきだ。

使える語句・例文

- **人工的な材料** artificial ingredients
- **添加物** an additive
- **保存料** a preservative
- **食は人なり** You are what you eat.
- **食習慣，食生活** one's eating habits
- **バランスのとれた食事** a well-balanced diet
- **〜しなくてすむ場合は** if one can help 〜

解答例

I am also worried that traditional foods will be completely replaced in the future by food that is convenient. Too many people eat too much junk food from convenience stores and fast food restaurants just because they are convenient and taste good. They know traditional foods are better for their health and convenient food has many artificial ingredients, additives and preservatives, but they just have to eat them because they are too busy to prepare traditional meals. It is sometimes said that you are what you eat. I think this is true, because your eating habits have a great influence on you. So we should try hard to have a leisurely cooked well-balanced diet as often as possible and avoid eating convenient food if we can help it. (128語)

転用可能な出題例

例題15はつぎのような出題に転用可能です。

① 「洋食か和食のどちらを選ぶか」（秋田県立大学）

伝統的な和食を選びます。理由は洋食は自分の体に合わないし（don't agree with me），和食のほうがバランスのとれた食事だと思うからです。

② 「『食は人なり』という考えに賛成か」（一橋大学）

賛成します。食生活が人に与える大きさを指摘します。

例題16　男女の機会均等

次の問いに，150語程度の英語で答えなさい。

Men and women have equal opportunities in Japanese society. Do you agree or disagree? Give two reasons to support your opinion. （長崎大学）

解答の構成

日本はいまだに男社会であり，男女は平等ではないという方向で書きます。

① 問いに答える

反対。

② 理由１を述べる

日本はいまだに男性中心の社会であり，性差別が存在する。

③ 理由２を述べる

男女雇用機会均等法が施行されてはいても，女性は就職において必ずしも男性と同じ扱いを受けていない。たとえいい仕事についても，給料や昇進の点で不利な立場に置かれている。

④ 理由３を述べる

十分な出産休暇や育児休暇を与えない企業が多く，職場復帰しても，同じ仕事ができる保証がない。

⑤ 理由４を述べる

結婚したら，女性は家にいるべきだという考え方が根強く，このこと自体が日本社会が男女不平等である証拠だ。家庭か仕事かを選択させられる女性が少なくない。

使える語句・例文

- **男性中心の社会**
  a male-oriented society / a society dominated by men

- **性差別**　sex discrimination

- **男女雇用機会均等法が施行されて久しい**
  The Equal Employment Opportunity Law has long been in effect.

- **給料や昇進において不利な立場に置かれる**
  be put at a disadvantage in pay and promotion

- **出産休暇**　maternity leave

- **育児休暇**　child-rearing leave

- **〜という保証はない**　There is no guarantee that 〜.

● 家庭か仕事かの選択を迫られる
  be compelled to choose between family and career

解答例

I don't agree with the opinion that men and women have equal opportunities in Japanese society. I think Japan is still a male-oriented society and sex discrimination still exists. In fact, women are not always treated equally in employment even though the Equal Employment Opportunity Law has long been in effect. In addition, even if women get good jobs, they are put at a disadvantage in pay and promotion. Furthermore, there are still a lot of companies which never give their female employees enough maternity or child-rearing leave. There is no guarantee that they will be able to do the same job when they come back to their offices. It is regrettable that many Japanese still think women should stay at home after they get married. This proves the fact that Japanese society is unequal and women are regarded as inferior to men. Many women are compelled to choose between family and career. (153語)

転用可能な出題例

例題16はつぎの出題に転用可能です。

「結婚後は，女性は家にいるべきか」（秋田県立大学）

反対します。こういう考えが根強い日本社会は不平等であり，不平等を是正 (correct this inequality) するためにも，女性は社会進出 (get out into the world) すべきだと書いてください。

例題17　世代の断絶

What do you think of generation gap, and how is your generation different from your parents' generation? Your answer should be 100 - 120 words of English.　（弘前大学）

解答の構成

① 世代の断絶について答える

世代の断絶は今に始まったことではなく，必然的な社会現象である。しかし，いろいろな世代が共存する高齢社会においては，断絶は埋めることが望ましい。年配者は自分たちも前の世代に批判されたことを思い出し，若者は自分が年をとったときのことを想像し，お互いに寛容になり，相互理解に努めるべきだ。

② 私たちの世代と親たちの世代の違いについて答える

私たちの世代が携帯電話やパソコンとともに育ち，インターネットに精通しているのに対して，親たちの世代はそういった機器が苦手な人が多い。

使える語句・例文

- **〜は今に始まったことではない，〜は昔からある**
  〜 have long been with us

- **(〜と) 共存する**　coexist (with 〜)

- **お年寄り**　elderly people
  old people よりもていねいないい方。

- **想像力を働かせ，お互いに寛容になる**
  be imaginative and tolerant toward each other

- **〜しながら育つ**　grow up Ving 〜

解答例

Generation gap has long been with us, and I think it is inevitable. But in an aging society, where various generations coexist, we should try hard to fill the gap.

For example, elderly people should remember that they were also criticized by previous generations, while young people should imagine themselves as old. They should be imaginative and tolerant toward each other, and try hard to understand each other. There is a big difference between my generation and my parents' generation. Our generation has grown up using mobile phones and personal computers and is very familiar with the Internet, while many of my parents' generation are poor at using these devices. (110語)

転用可能な出題例

例題17はつぎのような出題に転用可能です。

① 「あなたの世代と前の世代の大きな違いはなにか」（名古屋市立大学）

IT技術に精通しているかどうかを中心にします。

② 「若者が年配者と意思疎通するとき心がけるべきこと」（鹿児島大学）

世代の断絶があることを考慮に入れ，寛容な心と想像力をもって接するべきであると答えてください。具体的には，年配者の多くがIT技術にうといことを理解すべきだと主張します。

テーマ 5
学生生活

◎ 基本的方向性

高校生活の中心をアルバイトとボランティア活動にします。アルバイトを校

則と結びつけることによって，高校の改善点に転用できます。また，ボランティアを老人介護に結びつけることによって，高齢社会対策で覚えた内容を利用することが可能となります。

例題18　高校生のアルバイト

In Japan, some high schools prohibit students from having part-time jobs, even though they are legally allowed to work. Do you agree with such a school policy or not? Write a paragraph explaining your opinion. Give one or more convincing reasons to support your answer.

（解答欄のスペースから100語程度　早稲田大学・法）

解答の構成

① 問いに答える
高校は生徒がアルバイトをするのを禁止すべきではない。

② ①の理由を述べる
高校生のアルバイトには長所と短所があるので，アルバイトをするかどうかの判断を一人一人の生徒に委ねるべきだ。

③ アルバイトの長所をあげる
アルバイトをとおして，お金や労働の価値を知り，学校では知り合うことができないような人と出会うこともある。実社会へ出る準備ができる。親の学費の支払いを手伝う学生もいる。

④ アルバイトの短所をあげる
アルバイトは高校生から勉強や部活の時間を奪う。アルバイトをしながら一生懸命に勉強することは簡単なことではない。

使える語句・例文

- アルバイトをする
  work part-time / have a part-time job

- 〜することを…に任せる　leave it to ... to V 〜

- ●〜すべきかどうか　whether to V 〜 or not
- ●お金と労働の価値　the value of money and labor
- ●いろいろな人と知り合いになる
　get acquainted with various kinds of people
- ●実社会　the real world
- ●学費　school expenses
- ●部活　club activities

解答例

I don't think high schools should prohibit students from working part-time. Having a part-time job has both good points and bad points. So I think high schools should leave it to each student to decide whether to have part-time jobs or not. Through part-time jobs, they learn the value of money and labor and get acquainted with various kinds of people. Working part-time can help prepare them for the real world. Some students have to help their parents pay for their school expenses. On the other hand, working part-time deprives them of valuable time for their studies and club activities. It is very difficult to study hard while working part-time.（110語）

転用可能な出題例

例題18はつぎのような出題に転用可能です。

① 「校長になったら，高校のなにを改善するか」（静岡大学）

アルバイトを認める校則を作ると答え，その後に，アルバイトの長所を続けます。

② 「あなたがよいと思う校則」（福岡教育大学）

アルバイトを認めていることと答え，その後に，アルバイトの長所を続けます。

③ 「在籍高校の自慢できる点と改善したい点」（愛知教育大学）

自慢できる点は制服がないこと（don't have to wear a school uniform）であり，改善したい点は校則がアルバイトを禁止していることと書き，アルバイトの意義にふれます。

④ 「学校に関して１つ変えることができたら」（神戸市外国語大学）

校則を変えて，アルバイトができるようにすると答えましょう。「勉強や部活以外で最も印象的な高校生活」といった出題にも，アルバイト経験（たとえば，コンビニでアルバイトをしたこと [worked part-time at a convenience store]）を書きます。お金や労働の価値を知り，いろいろな人間と知り合いになれたという内容にします。

例題19　ボランティア活動

You have decided to do some volunteer work in your local community. What volunteer activity do you want to take part in? Give reasons to support your answer. Use 80-100 words.
（鹿児島大学）

解答の構成

① 問いに答える

老人ホームで老人介護のボランティアがしたい。

② 理由１を述べる

社会の高齢化が進み，老人ホームでの働き手が必要とされている。

③ 理由２を述べる

老人介護は体力を必要とする仕事であり，若者が最も向いている。

④ 理由３を述べる

年をとることや人生の意味を知ることになり，自分の親を介護しなければな

らない場合に大いに手助けとなる。

使える語句・例文

- **〜に向いている** be suited for 〜
- **体力** physical strength
- **人生はどのようなものか** what life is like
- **大いに役立つ** be of great help

解答例

I would like to do volunteer work at a nursing home. As Japanese society continues to age, more and more workers are needed at nursing homes. Young people are most suited for taking care of elderly people because it needs a lot of physical strength. Of course, I do know how difficult it is to take good care of them, but nursing them is really worth doing. Through nursing them, I will know what it means to become old and what life is like. Moreover, it will be of great help when I have to take care of my parents.（100語）

転用可能な出題例

例題19はつぎのような出題に転用可能です。

① 「勉強以外で大学でしたいこと」（愛知教育大学）
② 「あなたが参加したクラブ活動やボランティア活動について」（静岡大学）
③ 「新しいことをした経験とそれから学んだこと」（香川大学）
④ 「学校の外での経験で教えられたこと」（香川大学）
⑤ 「あなたがこれまでにした，人と協力し合う経験」（九州大学）
⑥ 「あなたが最も誇りに思ったこと」（大阪大学）

⑦「高校時代に達成した重要なこと」(小樽商科大学)

⑧「これまでの人生で頑張った思い出」(茨城大学)

⑨「あなたのお気に入りの高校の行事」(福島大学)

これらはすべて，老人ホームにおける老人介護のボランティア活動と答えます。若者による老人介護の重要性を強調してください。⑤は同じ立場の高校生ボランティアとの協力関係，⑥〜⑧は自分がボランティア活動でがんばり，お年寄りに感謝された（be grateful to 〜）ことを書くといいでしょう。

例題20　大学生の一人暮らし

「大学入学後は親と同居すべきではない」という意見がありますが，それについてあなたは賛成ですか，それとも反対ですか。あなたの立場を明確にし，その理由を150語程度の英語でまとめなさい。

(琉球大学)

解答の構成

① 問いに答える
賛成。

② 理由1を述べる
一人暮らしをしてはじめて，実社会がどのようなものかがわかる。

③ 理由2を述べる
親から独立する第一歩として一人暮らしはとても重要だ。西洋諸国に比べ，日本人は大人になって親から独立するのが遅い。

④ 理由3を述べる
一人暮らしをすれば，掃除や料理や洗濯だけでなく，自分の時間やお金の管理ができるようになる。

⑤ 理由4を述べる
自分の身の回りのことを自分ですれば，親への感謝の念がわく。

使える語句・例文

- 親から離れて暮らす　live away from one's parents
- 実社会がどのようなものか　what the real world is like
- 親から独立して生活する
  live independently of one's parents
- 〜へのきわめて重要な一歩　the vital step toward 〜
- 大人になる　become mature
- 洗濯する　do the laundry
- 〜に感謝する　be grateful to 〜

解答例

I agree with the opinion that college students should live away from their parents. It is not until they begin to live alone that they know what the real world is like. By living independently of their parents, students can learn much more about the real world. To live alone is the vital step toward becoming independent and adult. Compared with young people in Western countries, Japanese young people are much slower in becoming mature and independent of their parents. Moreover, if they live alone, they will be able to learn to manage their own time and money, as well as learn to clean, cook, and do the laundry. Furthermore, if they have to take care of themselves, they will keenly realize how dependent they have been on their parents, especially their mothers. They are sure to be very grateful to them. (142語)

Unit4 テーマ別自由英作文対策

テーマ ⑥
日本の文化，伝統

◎ 基本的方向性

　日本人と日本社会の特殊性としては，日本人の意思疎通の方法が特異であること，具体的には，はっきりと意見を述べるのを避ける点を指摘します。そのために外国人に誤解されやすいことも忘れずに。日本の伝統的行事としては花見を，世界に誇る文化としては漫画（アニメ）をあげます。

例題21　日本人と日本社会の特殊性

Suppose that your friends from foreign countries become interested in Japan when you talk with them about some characteristics of Japanese culture and society and that you are asked to answer their questions as given below. Choose two and answer each in 80-100 English words.
Is it true that Japanese don't express their opinions very clearly? Tell me about the common Japanese way of expressing opinions.　　　　　　（他の2題省略　大阪教育大学）

解答の構成

① 最初の問いに答える
本当である。

② ①の理由を述べる
日本人が協調や人間関係を重視するからだ。

③ 2番目の問いに答える
相手の意見に反対するときも，あいまいでお茶を濁すようないい方をする。はっきりいうと，相手の感情を害したり，人格を否定することになりかねないからだ。

④ ③の問題点と対策を述べる

外国人，とくにアメリカ人から誤解を受けることがあり，不正直だとか不誠実だと思われることさえある。外国人と話すときは，日本人はこの点を肝に銘じ，日本人に対する場合より，より直接的な表現を用いるべきである。

使える語句・例文

● **調和や人間関係を重んじる**
place an emphasis on harmony and human relationships

● **あいまいなやり方で**　in an ambiguous way

● **お茶を濁す**　beat around the bush

● **はっきりという**　speak out

● **他人の感情を傷つける**　hurt the feelings of others

● **～を肝に銘じる**　keep[bear] ～ in mind

解答例

It is true that Japanese people don't express their opinions very clearly. They place a great emphasis on harmony and human relationships. Even when they disagree with others, they usually do so in ambiguous ways. They often beat around the bush because they are afraid that speaking out might hurt the feelings of others and even deny their personality. As a result, in some cases foreigners, especially Americans, regard Japanese people as dishonest and insincere. So when talking with them, Japanese people should keep this in mind and talk more directly than with their own people.
(96語)

Unit4 テーマ別自由英作文対策

転用可能な出題例

例題21はつぎのような出題に転用可能です。

① 「日本文化が外国人にわかりにくい側面」（福岡教育大学）
② 「日本文化の特徴であるあいまいさについて」（岡山大学）

①と②は日本人が自分の意見をはっきりいわないことに理由があると答えます。

③ 「日本人が人前で意見をいいたがらない理由」（福井大学）

日本人が意見を明確に表明しない理由として，例題21に以下の内容をプラスするといいでしょう。「伝統的に日本人は口数の多い人間を嫌い，軽蔑しさえする。『沈黙は金』ということわざがその証拠だ。日本人はまた目立つことを嫌う。『出る杭は打たれる』ということわざがその証拠だ」(Traditionally, Japanese people dislike, even despise talkative people. The proverb "Silence is gold," proves this. Japanese people also dislike attracting attention. The proverb "The nail that sticks out gets hammered down," proves this.)。

⑤ 「自分の性格で直せるとしたら」（新潟大学）

たいていの日本人がそうであるように，はっきりと自分の意見がいえない性格を直したいことにしましょう。

例題22　日本の漫画，アニメ

Write your answer in English to the following question in 80 to 100 words.
Japanese manga and anime are very popular among young people in foreign countries. What do you think has made them so popular outside of Japan? Give reasons to support your answer.　　　　　　　　　　　　　　　　　（鹿児島大学）

解答の構成

① 理由1を述べる

西洋諸国のアニメは基本的に子ども向けのものであるが，日本の漫画やアニ

メは若者も大人も楽しむことができる。

② 理由2を述べる
ストーリーが単純ではなく,とても複雑でおもしろく,愛や友情といった人間にとって基本的なテーマを扱っている。

③ 理由3を述べる
登場人物も多岐にわたり,とても魅力的に美しく描かれている。

④ 補足意見を追加する
日本の漫画やアニメは外国人の目に映る日本のイメージを高めたと思う。

使える語句・例文

- **〜は子ども向けである** ～ be for children

- **若者や大人にも楽しまれる**
  be enjoyed by young people and adults as well

- **人間にとって基本的なテーマ**
  basic subjects for humans

- **美しく魅力的に描かれている**
  be depicted beautifully and charmingly

- **外国人の目に映る日本のイメージを高める**
  enhance the image of Japan in the eyes of foreigners

解答例

In Western countries, animation is thought to be basically for children, but Japanese manga and anime can be enjoyed by young people and adults as well because of their high quality. Their stories are not simple but very complicated and interesting, and deal with basic subjects for humans, such as love and friendship. In addition, their characters are various and depicted very beautifully and charmingly. I think they have greatly enhanced the image of Japan in the eyes of foreigners. (80語)

転用可能な出題例

例題22はつぎの出題に転用可能です。

「外国人に紹介したい日本の文化」(愛知教育大学,福岡教育大学)

漫画とアニメと答えます。

例題23 外国人に知ってほしい日本の伝統風習

日本についての理解を深めてもらうために,あなたが,留学生や研修生に,日本にいる間に必ずしてほしいと思うことはなんですか。1つあげて,その理由を説明しなさい。100語程度の英語で書くこと。　　　　　　　(金沢大学)

解答の構成

① 問いに答える
お花見をしてほしい。

② ①の理由を述べる
彼らになぜ日本人が花見が好きなのかを知ってほしい。

③ 日本人が花見を愛する理由を述べる
家族や友人,同僚と食べたり飲んだりしながら花見を楽しむのはもちろんのこと,日本人は桜のはかなさを愛しているからである。桜が満開なのはせいぜい数日であり,だからこそ日本人はいっそう桜を愛するのだ。これは伝統的な日本人の美意識である。

使える語句・例文

● 花見　cherry blossom viewing

● 桜のはかなさ　the short life of cherry blossoms

- 満開で　be in full bloom
- 美意識　a sense of beauty

解答例

I would like foreign students to enjoy cherry blossom viewing. I would like them to know why Japanese people like it so much. Of course this is because they enjoy cherry blossom viewing with their families, friends, and co-workers while having the food and drink they bring, but there is another important reason: They also love the short life of cherry blossoms. They are in full bloom only for several days. Japanese people think they are all the more beautiful and love them all the better for this. This is one of the traditional Japanese senses of beauty. (98語)

転用可能な出題例

例題23はつぎのような出題に転用可能です。

① 「外国人に日本の習慣，伝統を紹介する」（静岡大学）

お花見を紹介します。

② 「外国人を連れて行きたい場所」（北九州市立大学）

③ 「外国人旅行者が訪れる最高の場所」（福島大学）

②も③も桜の名所として名高い，奈良県の吉野山（Mt. Yoshino in Nara Prefecture, which is one of the most famous cherry blossom viewing spots）にしてください。その後にお花見の説明を続けます。問題は季節ですが，if it is spring をつけて大目に見てもらいましょう。

④ 「最も思い出深い場所」（愛知教育大学）

これも吉野山です。「あなたが行ってみたい場所」や「あなたが住みたいところ」（福岡教育大学）も吉野山と奈良県（There are a lot of famous old temples. をプラスする)。「あなたの好きな色」(北九州市立大学) はピンクにすれば，桜に結びつけることができます。

テーマ 7 個人的なことがら

◎ 基本的方向性

一般的に受験生は事実を書こうと必死になり，結果として失敗することが多いようです。すべてフィクションでいきます。かつて東京大学の自由英作文の出題に「適宜創作をほどこしてもかまわない」と注意書きがつけられたぐらいですから。英語のテストであることを忘れないようにしましょうね。

例題24　人生観を変えた出来事，経験

このテーマだけは解答を2つ用意し，汎用性を高めます。

つぎの質問に150語以上の英語で答えなさい。
あなたの考えや物の見方を変えたと思う出来事はなんですか。その事柄と，それがあなたに与えた影響について具体的に書いてください。
(中央大学)

▶解答1

解答の構成

① 問いに答える
県で一番の公立高校の入試に落ちたこと。

② ①を具体的に説明する

私は中学で一番成績がよく，入試に落ちるとは夢にも思わなかった。しかし，振り返ってみると，私は自信過剰となり，試験直前はあまり真剣に勉強しなかった。心ひそかに自分より成績の悪いクラスメートを軽蔑していた。

③ ①が教えてくれた教訓の1つめを述べる

どんな状況であっても，いつも全力で最善を尽くし，あらゆる努力をすべきだ。

④ ①が教えてくれた教訓の2つめを述べる

人は成功よりも失敗から多くを学ぶ。

使える語句・例文

● 公立高校の入試に落ちる
 fail the entrance examination of the public high school

● 一流高校　a prestigious high school

● 成績を過信する　be overconfident of one's grades

● 心ひそかに〜を軽蔑する　secretly despise 〜

● どんな状況にいても，全力を尽くして，あらゆる努力をする
 do one's best and make every effort, whatever situation one is in

● 人は成功よりも失敗から多くを学ぶ
 People learn more from failure than success.

● 同じ失敗をする　make the same mistake again

解答例1

I failed the entrance examination of the public high school I'd wanted to enter. It is the most prestigious high school in my prefecture. I was the brightest child in my junior high school, and I never dreamed of failing the exam. But looking back now, I was overconfident of my grades, and I hadn't studied very hard for the last few months before the exam. I secretly despised the classmates who were less bright than me and worked very hard for the exam. The result of the entrance exam really disappointed me, but this failure has taught me how important it is to do my best and make every effort, whatever situation I am in. Another lesson this bitter experience has given me is that people learn more from failure than success. Now I attend a private high school and study very hard every day to get into the university I would like to enter most. I will never make the same mistake again. (165語)

転用可能な出題例

例題24の解答1はつぎのような出題に転用可能です。

① 「経験が人生に影響を与えた例」（京都工芸繊維大学）

② 「あなたにプラスの影響を与えた経験」（静岡大学）

①も②もそのまま転用できます。

③ 「人は成功と失敗のどちらから学ぶか」（香川大学）

失敗や間違いから学ぶと答えましょう。「人は間違いから学ぶ」（福井県立大学），「間違いや失敗から学ぶ」（九州大学），「間違いをすることはいいことだ」（神戸市外国語大学）もすべて同じ答えです。

④ 「勤勉さと運のどちらが重要か」（長崎大学）

これには勤勉さが重要と答えます。いつでも全力を尽くし，あらゆる努力をしていれば，運も味方する（Luck smiles on people who work hard）という考え方の後に，例題24の解答1の個人的な経験を引用します。

⑤ 「本を出版できるとしたら」（北九州市立大学）

「人は失敗から学ぶ」というテーマの本にしましょう。

▶解答2

解答の構成

① 問いに答える

中学1年のとき、いじめに遭ったこと。

② ①を具体的に説明する

2学期が始まるとすぐに、クラスメートがだれも口をきいてくれなくなり、悪口をいわれ始め、持ち物を隠されるようになった。ついに、暴力を振るわれるようになり、私は学校を休むようになった。ある日、久々に学校に行くと、いじめの首謀者がさっそく近寄ってきて、私をからかい出した。そのとき、それまで話をしたこともなかったクラスメートの1人が、いじめの首謀者に「やめろ（やめなさいよ）」と怒鳴った。担任の先生が止めるまで、2人は殴り合い（つかみ合い）のケンカを続けた。それ以降、いじめは止まり、私はそのクラスメートと親友になった。

③ ①が教えてくれた教訓を述べる

友だちの大切さ。友情ほど価値のあるものはない。

使える語句・例文

- **いじめる** bully

- **いじめっ子** a bully

- **私は中学1年生だ** I am in the seventh grade.

- **2学期** the second term

- **持ち物** one's personal belongings

- **久しぶりに学校に行く**
  attend school after a long absence

- **いじめの首謀者** the leader of the group of bullies

- 殴り合いのケンカをする　have a fight
- 友だちほど貴重なものはない
  Nothing is more valuable than them.

解答例2

I was bullied when I was in the seventh grade. Soon after the second term began, none of my classmates would talk to me, many of them began to speak ill of me, and some of them hid my personal belongings. And in a few months, a few classmates began to resort to violence. I was so scared of them that I didn't want to go to school and was often absent. One day when I attended school after a long absence, the leader of the group of bullies quickly came to me and started teasing me. Then one of the classmates, whom I had never talked with, stood up and shouted at the leader, "Stop it." They immediately had a fight and continued to fight until the homeroom teacher, who had ignored the bullying, stopped them. The classmate, Akira[Saori], and I soon became good friends and the group stopped bullying me. I keenly realized how important friends are and nothing is more valuable than them. （166語）

転用可能な出題例

例題24の解答2はつぎのような出題に転用可能です。

① 「友だちの重要性」（一橋大学）

② 「お金と友情のどちらが大事か」（福島大学）

もちろん友情をとります。

③ 「金で幸せが買えるか」（京都工芸繊維大学）

「お金で本当の友だち（a true friend）は買えない」と主張しましょ

う。

④「幸せの秘訣とは何か」（小樽商科大学）

⑤「幸せとは何か」（浜松医科大学）

④も⑤も本当の友だちがいることにします。

⑥「今日の高校生が抱える最大の問題」（福島大学）

これには本当の友だちがいないことと答えます。

⑦「社会で成功するために必要な技術」（鹿児島大学）

本当の友だちを1人でも多くつくる能力にしましょう。そのためには，「相手が困っているときに助ける」(help friends when they are really in trouble)，「いつでも思いやりをもち，相手の話をよく聞く」(be always considerate of friends, and try hard to listen to them) ことが重要です。

⑧「いじめについて」（茨城大学）

例題24の解答2の個人的な体験に，「いじめは卑劣である。いじめを防ぐには，教師も生徒も勇気をもって行動することが不可欠である」(Bullies are mean and contemptible. To prevent bullying, it is essential that both teachers and students behave with courage.) を追加します。

例題25　あなたに最も大きな影響を与えた人

Write about the best teacher you have ever had. What was it about the teacher that brought about the best in you? What did you learn from this teacher? Write about them in English in 100 – 120 words.　　　　　　　（慶應義塾大学・医）

解答の構成

①　**問いに答える**

〜 先生が私が最も尊敬している人だ。

② ①の理由を述べる

厳しいが，生徒をえこひいきしない。

③ 先生が教えてくれたことに触れる

人生で最も大切なこと，すなわち，あきらめないことが一番大切だということ。

使える語句・例文

● 〜（名前）先生が私が最も尊敬している人［先生］だ
〜（名前）先生が私が最も影響を受けた人［先生］だ
Mr.［Ms.］〜 is the person［teacher］I respect most.
Mr.［Ms.］〜 is the person［teacher］who has had the greatest influence on me.

● 最初は　at first

● （後で）〜だとわかる　turn out（to be）〜

● 厳しいが，生徒をえこひいきしない
be strict with pupils but impartial and fair to them

● 〜を最後まであきらめずにがんばる　stick to 〜

● 〜（名前）先生は私に人生で最も貴重な教訓を教えてくれた
Mr.［Ms.］〜 taught me the most valuable lesson of life.

● あきらめないことが最も大切だ
Nothing is more important than never giving up.

解答例

Ms. Furukawa is the person I respect most［who has had the greatest influence on me］. She teaches calligraphy to kids in my neighborhood. I was told by my mother to attend her school when I was seven. She looked cold-hearted at first, but turned out to be very considerate. Indeed, she is strict with her pupils but impartial and fair to them. Soon I came to like her, but I did not become interested in calligraphy itself. One month after I began to go to her school, I told her that I wanted to leave. Then she said, "Once you begin something, stick to it." She taught me the most valuable lesson of life: Nothing is more important than never giving up. (115語)

(注)calligraphy「書道」

転用可能な出題例

例題25はつぎの出題に転用可能です。

「よい先生の特徴はなにか」（静岡県立大学）

生徒をえこひいきしないことが最大の特徴だと指摘します。

例題26　タイムマシンでどの時代に行きたいか

もしもタイムマシンがあれば，あなたは使ってみたいですか，使ってみたくないですか。どのように使ってみたいか，あるいはなぜ使いたくないのか，70語程度の英文で書きなさい。

（大阪大学）

解答の構成

① **最初の問いに答える**

使ってみたい。

② **2番目の問いに答える**

幕末の江戸時代へタイムトラベルし，最も敬愛する坂本龍馬に会い，話を聞いてみたい。この目で新しい時代の夜明けを見てみたい。

Unit4 テーマ別自由英作文対策

> 使える語句・例文

- タイムマシンで旅をする
  travel by time machine / travel in a time machine

- 過去にタイムトラベルする
  travel back in time（to 時代）

- 幕末
  the last days of the Tokugawa Shogunate / the end of the Edo era

- 薩長同盟
  the alliance between Satsuma and Choushu

- 大政奉還　the Restoration of Imperial Rule

- 新しい時代の夜明け　the dawn of the new era

- 自分の目で　with one's own eyes

> 解答例

I would like to travel in a time machine. I would travel back in time to the last days of the Tokugawa Shogunate and see and talk to Ryouma Sakamoto, whom I admire and respect most. Without him, the alliance between Satsuma and Choushu would have been impossible and the Restoration of Imperial Rule couldn't have been realized. I would like to be always with him and see the dawn of the new era with my own eyes.（78語）

> 転用可能な出題例

例題26はつぎのような出題に転用可能です。

① 「歴史上最も尊敬している人」（一橋大学）
② 「あなたの英雄」（慶應義塾大学・医）

①も②も坂本龍馬です。

③「違った時代や場所に生まれるとしたら」（宮崎大学）
幕末の江戸と答えてください。

例題27　最も大きな影響を受けた本

Write an essay of approximately 100 words in English about the book that influenced you the most, focusing on the way(s) in which that book influenced you. （神戸市立大学）

解答の構成

① 問いに答える
…（著者）の～（本の題名）が，私が最も感銘を受けた小説だ。

② ①の理由を述べる
主人公がいろいろと苦労した後で，懸命に努力し，ついに人生の障害を乗り越える過程に強い共感を感じ，一体感を覚えた。

③ 受けた影響について述べる
大人へと成長し，子どもじみた考えから抜け出す手助けとなった。

使える語句・例文

● …（著者）の～（本の題名）が，私が最も感銘を受けた小説だ

　～ by … is the novel I was most deeply impressed [moved] by.

日本の小説のほうが，著者名と題名が簡単です（題名は日本語を無理やり英訳しないで，そのままローマ字で表示すればOK）。明治～昭和時代の日本の小説なら，解答例の内容でだいたい大丈夫。題名は単語の最初の文字をすべて大文字で書いてください。たとえば，『暗夜行路』は"Anya Koro"。

● この小説の主人公は多くの苦難や挫折を経験する

　The hero [heroine] was faced with a lot of hardships and frustrations.

- 懸命に努力し，人生の障害を乗り越える
  get over the obstacles of life with strenuous efforts
- 主人公に強い共感を感じる
  feel strong sympathy for the hero[heroine]
- 主人公と一体感を覚える
  identify with the hero[heroine]
- 大人へと成長し，子どもじみた考えから抜け出す手助けとなる
  help one mature and grow out of one's childish ideas

解答例

～ by ... is the novel I was most deeply impressed by. The hero[heroine] was born in an unhappy family and was faced with a lot of hardships and frustrations since he[she] was a small child. But after meeting a lot of difficult problems, the hero[heroine] got over the obstacles of life with strenuous efforts at last. As I went on reading, I felt very strong sympathy for the hero[heroine] and identified with him[her]. I was very lucky to read this book when I was a junior high school student, because it greatly helped me mature and grow out of my childish ideas.　　　　（作者と題名を除き101語）

転用可能な出題例

例題27はつぎのような出題に転用可能です。

① 「お気に入りの本」（一橋大学）
② 「思い出に残る本（もしくは映画）」（静岡大学）

①も②も例題がそのまま転用できます。

③「無人島へ持っていくもの」（香川大学, 広島大学, 一橋大学）

お気に入りの本（my favorite book）にします。2つ以上持っていくのなら, 読書に必要な使い慣れた枕, 椅子, クッション（the pillow, chair and cushion I've long used）を追加してください。

④「今までにもらった最高のプレゼント」（福島大学, 鹿児島大学）

誕生日に母からもらった本で, それが一番のお気に入りということにしましょう。

例題28　団体旅行か一人旅か

Some people like to travel with a friend. Other people prefer to travel alone. Which do you prefer? Explain the reasons in three to five English sentences.　（島根大学）

解答の構成

① 問いに答える
一人旅のほうが好きだ。

② 理由1を述べる
自分で予定を決めることができ, 他人に気を使わなくてすむ。

③ 理由2を述べる
団体行動を強いられることが多いので, 一人旅は1人で時間を過ごす絶好の機会である。

④ 理由3を述べる
団体旅行は安全だし, 同じ経験を共有することは楽しいが, やはり一人旅の長所は短所にまさる。

使える語句・例文

- 私は団体旅行より一人旅のほうが好きだ
  I prefer traveling alone to traveling with a group.

- 自分の予定を決める　set one's own schedule

● 団体行動　group activities

解答例

I prefer traveling alone to traveling with a group. This is because I can set my own schedule and do what I want to without worrying about other group members. In addition, I'm often forced to participate in group activities, so traveling alone gives me the opportunity to spend time by myself. Indeed, traveling with a group is safer and it is great fun to share new and interesting experiences with others, but the good points of traveling alone outweigh its bad points.（4文）

例題29　日本以外のどこに住みたいか

"If you were ever to live outside Japan, which country would you like to live in and why?"
Please write around 100 words using your own English to describe your thoughts and opinions. （青山学院大学・法）

解答の構成

① 問いに答える
アメリカに住みたい。

② 理由1を述べる
英語が流暢になるのに最善の方法だから。

③ 理由2を述べる
アメリカは人種のるつぼであり、いろいろな国の人と知り合いになれるから。

④ 理由3を述べる
将来的には、異文化コミュニケーションの専門家となり、国連の職員になりたいから。

使える語句・例文

- 〜する最善の方法　the best way to V 〜
- 人種のるつぼ　a melting pot of races
- いろいろな国の人と知り合いになる
  get acquainted with people from various countries
- 〜の専門家　an expert on 〜
- 国連の職員になる
  join the staff of the United Nations

解答例

I would like to live in the United States. This is because I would like to be better at English, which is most widely spoken around the world. To live there is the best way to be fluent in English. The United States is also a melting pot of races, so I can get acquainted with people from various countries. I would like to become multilingual, internationally-minded, and an expert on intercultural communication. In the future I would like to join the staff of the United Nations. I hope to help promote mutual understanding of people with different languages and cultural backgrounds, and good intercultural communication.（106語）

転用可能な出題例

例題29はつぎのような出題に転用可能です。

① 「世界のどこへでも旅行できるとしたら，どこへ行きたいか」（慶應義塾大学・看護医療）

住むだけでなく，旅行したいのもアメリカと答えます。

② 「大学時代に留学したいかどうか」（弘前大学）

③ 「海外での語学研修に参加するかどうか」（埼玉大学）
②や③のような出題も，留学先や研修先をアメリカにしましょう。

番外編

◎ 基本的方向性

「自然災害対策」「公共の場での喫煙」「うその是非」。この3つは頻出でありながら，どのテーマにも分類しにくく，また転用もできないため，7つのテーマとは別に「番外編」として扱うことにします。

例題30　自然災害対策

つぎの質問に対し，100語程度の英語で自分の考えを書きなさい。

What should we do to prepare for natural disasters?

（福島大学）

解答の構成

① すべき準備1について述べる
水のペットボトルや食料などが入った非常用袋を用意し，手元に置いておく。

② すべき準備2について述べる
避難計画を立て，避難すべき場所と避難ルートを決めておく。

使える語句・例文

● **非常用袋**　an emergency bag

● **〜でいっぱい**　be filled with 〜

- 水のペットボトル　a plastic bottle of water
- 救急箱　a first-aid kit
- 懐中電灯　a flashlight
- ～を手元に置いておく　have ～ near at hand
- より安全な場所に逃げる　escape to a safer place
- 避難すべき場所　where to evacuate
- あわてふためく　get into a panic
- 避難所　a refuge

解答例

First of all, we should have emergency bags, which are filled with plastic bottles of water, food, a first-aid kit, a flashlight, a pocket radio and other necessities. We should always have them near at hand. Secondly, we should have an escape plan. If a strong earthquake occurs and a tsunami follows it, we will have to escape to a safer place at once. But unless we know where to evacuate and how to go there, we will certainly get into a panic. We will also be able to meet again at the refuge even if we get lost during our evacuation. (102語)

例題31　公共の場での喫煙

Write 120 to 150 words of English on the opinion below. Many lawmakers believe it is a good idea to ban all smoking in public in Japan. Explain why you agree or disagree with this opinion.

(一橋大学)

Unit4 テーマ別自由英作文対策

解答の構成

① 問いに答える
賛成。

② 理由1を述べる
間接喫煙が非喫煙者の健康に悪影響を及ぼすことはたしかだ。

③ 理由2を述べる
たとえば，幼い子どもや妊娠した女性が食事をするレストランでは，この問題はいっそう深刻である。

④ 理由3を述べる
禁煙席を設けても，喫煙席からの煙が流れてくる。

⑤ 理由4を述べる
喫煙者にたばこを吸う権利はあっても，非喫煙者を間接喫煙によって苦しませる権利はない。ほんの2, 3時間，たばこを吸うのをがまんすればすむことだ。

使える語句・例文

- たばこが全面的に禁止される　smoking is totally banned
- 間接喫煙　passive smoking
- 妊娠した女性　a pregnant woman
- 禁煙席　nonsmoking sections
- 喫煙席　smoking sections
- たばこを吸う権利　the right to smoke
- たばこを吸うのを控える　refrain from smoking

解答例

I agree with this opinion. Smoking should be totally

banned in all public places in Japan. It is an undeniable fact that passive smoking has a bad effect on the health of nonsmokers. This is all the more serious in restaurants because minors and small children and even pregnant women dine there. Even if restaurants have nonsmoking sections, the smoke from smoking sections flows into them and annoys nonsmokers. Indeed smokers have the right to smoke, but they should take the rights of nonsmokers into consideration. They don't have the right to make nonsmokers suffer from passive smoking. In restaurants all smokers should refrain from smoking. This should be not so difficult, because they only have to do so just for a couple of hours. (125語)

例題32　うその是非

Write your answer in English.
Children are taught not to lie, but in fact sometimes people do. Is it ever a good thing to tell a lie? Explain.

（解答欄のスペースから100語程度　早稲田大学・国際教養）

解答の構成

① 問いに答える
よいこととはいえないが、そうせざるをえない場合がある。もしうそをつくことが全く許されないとしたら、世の中は円滑に回らないだろう。

② ①の具体例をあげる
髪型を変えた恋人に印象を聞かれたとき。

③ 許されるうそについて触れる
うそには2種類あり、自分の利益のためのみにつくうそと、他人の感情を傷つけないためにつくうそである。後者は許されると思う。

Unit4 テーマ別自由英作文対策

使える語句・例文

- 〜する場合　a case where 〜
- うそをつかざるをえない　be forced to lie
- ありのままの真実　a blunt truth
- 自分の利益になる　benefit oneself
- 許される　excusable

解答例

Needless to say, telling a lie is bad and you should always try to be honest. But there are some cases where you are forced to lie. For example, you cannot always tell your girlfriend the blunt truth when you are asked how you like her new hairstyle. If you weren't allowed to tell any lies, society wouldn't function smoothly at all. There are broadly two types of lies. One is the lie you tell only to benefit yourself. The other is the one told not to hurt the feelings of others. I think the latter is rather acceptable and excusable.（101語）

Memo

Memo

大学受験
もっと減点されない英作文
WRITING MASTER

過去問演習編

- ●著　者　　　　河村一誠
- ●編集協力　　　株式会社シナップス（佐藤千晶、多々良和臣、湯川香子）
- ●英文校閲　　　ショーン・マギー（AtoZ）
- ●カバーデザイン　有限会社レゾナ（志摩祐子、西村絵美）
- ●本文デザイン　朝日メディアインターナショナル株式会社
- ●ＤＴＰ　　　　朝日メディアインターナショナル株式会社